LA AGENDA GLOBALISTA SIGUE SIENDO REAL Y PELIGROSA

La gran amistad entre el Gran Reseteo y el Covid-19 continúa.

Parte 2.

La agenda globalista sigue siendo real y peligrosa. La gran amistad entre el Gran Reseteo y el Covid-19 continúa. Parte 2.

Escrito por César Andrés Muñoz Madrigal entre Marzo y Abril del 2021.

L'Hospitalet de Llobregat, Barcelona, España.

CONTENIDO

Prólogo

Después de haber escrito el libro "La agenda globalista es real, provocada por el hombre y peligrosa. La gran amistad entre el Gran Reseteo y el Covid-19" en Enero del 2021, en lo que respecta a la agenda globalista se han seguido desarrollando eventos y reuniones, ya que se trata de unas élites totalmente activas que impulsan esta agenda poco a poco, por lo que los magnates de las empresas tecnológicas, farmacéuticas, financieras, políticos, etc. que están detrás de esta agenda de forma continua desarrollan nuevos conceptos, eventos, sacan libros, publican artículos, etc. con el fin de concienciar y preparar mentalmente poco a poco a lo sociedad hacia donde quiere que se dirijan, ya que como ellos bien saben muchos de sus proyectos e ideas globalistas no van a ser del agrado de las personas en un principio.

Así los autores de la agenda globalista a día de hoy hablan de nuevos conceptos y proyectos tales como capitalismo inclusivo, ciber pandemia, de sostenibilidad de ecosistemas tecnológicos, del Green New Deal en Estados Unidos, de políticas inclusivas, sostenibles y resilientes en un entorno donde se respeta y se ampara la perspectiva de género, etc. y por lo tanto era necesario hablar de todos estos nuevos proyectos y conceptos con una segunda parte al primer libro sobre la agenda globalista.

También he visto necesario actualizar y añadir información sobre estos eventos, reuniones y proyectos globalistas en los que casi siempre aparecen los mismos personajes alrededor de la mesa redonda globalista, a veces bajo el paraguas de nuevos nombres y siglas de organizaciones pero casi siempre siendo los mismos actores, apoyados por el papa católico de turno que en este caso es el papa Francisco, los grandes fondos de inversión, las principales compañías farmacéuticas, financieras, tecnológicas, la fundación Rockefeller, la familia de los Rothschild, la fundación George Soros y sus ONGs, etc. y en cuya cúspide se encuentran los miembros del grupo de los 30 o G30 que en su mayoría son banqueros.

Por supuesto he visto también necesario añadir más información sobre el magnate de Microsoft y de las vacunas, Bill Gates, cuya actuación e influencia abarca cada aspecto de la agenda globalista, incluyendo la teoría del calentamiento global, la Alianza para la Vacunación global (Gavi), la alianza de verificación de la información o

"fact-checking", el proyecto de identidad digital ID2020 desarrollado por la Alianza de la Identidad Digital (Digital Identity Alliance en el original inglés). etc.

De esta manera no solamente esta tecnocracia globalista está siempre presente en la mayoría de eventos de la agenda globalista sino que se apoyan entre ellos para conseguir desarrollar e implantar esta agenda supremacista, a pesar de que entre ellos pueda haber rivalidades e intereses también confrontados, lo que simplemente hace que esta agenda tarde más en implantarse o que a veces temporalmente fracase alguno de sus proyectos.

Pero a pesar de sus contratiempos está agenda globalista se está acelerando con la ayuda de la llegada del Covid-19, como indica y desea el propio presidente del Foro Económico Internacional, Klaus Schwap, en su libro "Covid-19: el Gran Reseteo". Este Gran Reseteo impulsado por el Foro de Davos (el Foro Económico Internacional se suele reunir cada año en la población de Davos, Suiza) es a día de hoy la ejecución visible de la agenda globalista, y solamente es necesario acudir a su web para confirmar que los planes de estas oligarquías globalistas no sólo son reales, sino que se van actualizando casi cada semana con nuevos conceptos y proyectos que en teoría son para el bien de la humanidad como defienden, pero que en el fondo desean implantar un gobierno mundial socialista en el que los Estados sean meros protectorados y las personas sean monitoreados y controlados por las nuevas tecnologías.

Por lo tanto ante la aceleración en la implementación de la agenda globalista visible sobre todo a través del Foro Económico Internacional y en su proyecto del Gran Reseteo, también ha sido necesario añadir nueva información al primer libro que escribí al respecto.

Introducción y presentación del escenario general

Como vimos en la primera parte de este libro los dogmas de la agenda globalista son:

1. La teoría del calentamiento global, ahora llamado cambio climático.
2. La ideología LGTBIQ+
3. El feminismo extremo
4. El aborto.
5. La eutanasia.
6. La inmigración masiva y descontrolada
7. La legalización de las drogas

De este modo los dogmas anteriores ayudan en la consecución de los objetivos de la agenda globalista básicamente logrando crear tensión dentro de las naciones, para justificar la implantación de un gobierno supranacional, la eliminación de la soberanía de las naciones y el vaciamiento de su identidad y cultura propia como naciones.

También debemos recordar que las oligarquías globalistas tienen una agenda propia, cuyos objetivos están resumidos como predicciones en la Agenda 2030 en vídeo que se encuentra en la web del Foro Económico Mundial y que son:

1."No tendrás nada y serás feliz. Podrás alquilar cosas que necesites y te lo llevará un dron a casa."

2."Estados Unidos no será la principal superpotencia del mundo

3. "No morirás esperando a un donante de órganos: serán fabricados con impresoras 3D."

4. "Comerás mucha menos carne: la carne será "un placer ocasional, no un alimento básico, por el bien del medio ambiente y nuestra salud".

5. "Mil millones de personas tendrán que desplazarse por el cambio climático.

6. "Los contaminadores tendrán que pagar para emitir dióxido de carbono. Habrá un precio global para el carbono. Esto ayudará a que los combustibles fósiles sean historia ".

7. "Los científicos están trabajando por una estancia saludable en el espacio, lo cual puede facilitar la investigación".

8. "Los valores occidentales serán puestos a prueba. Los valores que sustentan nuestras democracias deben ser considerados."

Mientras que en este segundo libro vamos a ver como la agenda globalista comienza por el engaño del sistema monetario y financiero que crea dinero de la nada y permite a los Estados endeudarse cada vez más, deuda pública que al final tienen que pagar los contribuyentes de las clases medias a través de impuestos lo cual les empobrece progresivamente, mientras que los bancos centrales están dirigidos por el Grupo de los 30, G30, que básicamente está formado por banqueros de bancos centrales y de los grandes bancos internacionales, cuyo órgano ejecutor es el banco central de banco centrales, es decir el Banco Internacional de Pagos (Bank for International Settlements según el original en inglés).

También descubriremos que las élites financieras quieren eliminar el dinero en efectivo para controlarnos todavía más a través de la creación de monedas digitales Fíat respaldadas por el gobierno, y que por tanto las criptomonedas son una buena opción para escapar de este control por parte de las oligarquías globalistas.

Asimismo analizaremos la figura de Bill Gates, el fundador de Microsoft, filántropo que ha participado activamente en la definición de ese pensamiento único de la agenda globalista que nos invade en nuestros días, a través de sus proyectos en la Fundación Bill y Melinda Gates, la Alianza para la Vacunación Global (Gavi), la mentira y verdad sobre los microchips de las vacunas de Bill Gates que en realidad no están en las vacunas sino en unas píldoras anticonceptivas, ADN sintético, su defensa de medidas para frenar el supuesto calentamiento global y la alianza de Microsoft con diarios, tecnológicas y cadenas de noticias, junto con la financiación de otras grandes compañías tecnológicas conocidas como GAFTA (Google, Apple, Facebook, Twitter y Amazon) etc. para verificar la verdad de las noticias, conocido como "fact-checking", que en realidad significa censurar las noticias que ellos consideren falsas desde su emisor hasta el receptor.

Además descubriremos también como en toda esta telaraña de alianzas, nuevos conceptos y proyectos globalistas siempre están prácticamente los mismos actores sentados alrededor de la mesa de la agenda globalista, que utilizan el miedo constante para controlar a la población: a la pandemia del Covid-19, le seguirán las ciberpandemias como ya ha dicho Klaus Schwap, el presidente del Foro Económico

Internacional, y posiblemente una crisis del cisne verde, que será una crisis climática como se indica en la web del Banco Internacional de Pagos.

Internacional, y posiblemente una crisis del cisne verde, que será una crisis climática como se indica en la web del Banco Internacional de Pagos.

Parte 1. <u>Sobre el sistema monetario y financiero que impulsa la agenda globalista</u>

2

El origen de la agenda globalista: el engaño de la expansión monetaria y de la deuda perpetua

Algunos economistas y especialistas financieros denominan la alquimia financiera o alquimia moderna al proceso de la conversión del papel en dinero, por obra y gracia de los banqueros con los privilegios que otorgan los políticos y sin que esa emisión de moneda tenga respaldo real. La alquimia era una pseudo ciencia que defendía la conversión del plomo en oro, lo cual sí es realmente posible pero altamente costoso, por lo que es más barato comprar el oro directamente.

De hecho muy poca gente conoce qué hay detrás del sistema monetario mundial y, por lo tanto, no son conscientes de quienes son los verdaderos responsables de las crisis económicas recurrentes, lo que imposibilita realizar las reformas necesarias para evitar las recesiones y acabar con este gran latrocinio. Porque en realidad es una gran estafa global, la más importante, porque de ella emanan todas las demás de la agenda globalista.

Esta alquimia financiera se refiere al hecho de crear dinero de la nada por parte de los bancos centrales sin respaldo de materiales o de ahorro.

Este sistema financiero actual que crea dinero sin respaldo está hecho para las personas no lo conozcan y que los bancos centrales y los gobernantes se aprovechen de las clases medias y pobres.

Así pues el dinero ha salido a base de prueba y el error con la participación de las personas sin la mediación de ningún estado. En un principio surgió para cubrir las necesidades de cambio con el trueque, que era un medio de intercambio directo, es decir se intercambiaba una mercancía por otra, pero después los Estados han querido aprovecharse acuñando su propia moneda. Este dinero emitido por los estados se basa en la confianza que depositan las personas en él.

En un principio con el trueque por ejemplo un panadero tenía que ir a la carnicería y pagarle al carnicero con una barra de pan. Obviamente pues este sistema presenta muchos problemas, entre ellos qué pasa si el carnicero no quiere pan.

Así se empezó a pagar con oro y plata, ya que cumplía perfectamente las funciones del dinero: reserva de valor, es divisible, fácilmente transportable y permite hacer intercambios.

Posteriormente en la Edad Baja Edad Media y en la Edad Moderna la nobleza veneciana aceptaba el depósito de oro que era el dinero de la época y a cambio emitía unos documentos conforme la persona que había depositado el oro tenía derecho a recibir una cantidad de dinero en oro en el futuro. Pero esta nobleza y los prestamistas y prestatarios se dieron cuenta que era más fácil transportar estos documentos que el oro en sí mismo para pagar, por lo que estos documentos de derecho de pago se convirtieron en el futuro papel moneda.

En 1913 se creó la Reserva Federal de Estados Unidos en la Isla de Jekyll justo un año antes de la I Guerra Mundial y no fue por casualidad, sino con la intención de poder inundar el mercado después de la guerra de dinero gracias a la creación de dinero por parte de la Reserva Federal, el aumento de los créditos por parte de los bancos y el aumento del consumo que generó los felices años 20. Creando una burbuja financiera que explotaría en el Crack del 1929, y esta gran crisis duró hasta 1933. Después vino la II Guerra Mundial que permitió superar esta crisis con el New Deal de Roosevelt y en 1948 se acordarían los acuerdos de Bretton Woods en los que el dólar llegaría a ser la moneda de intercambio global, sobre todo porque Estados Unidos había sigo la potencia que había hecho ganar a los Aliados la II Guerra Mundial y porque al no haber sido bombardeada pues podía permitirse ayudar económicamente a la reconstrucción de Europa después de la II Guerra Mundial. Además en los acuerdos de Bretton Woods se acordó ligar el dólar al oro, por 35 dólares una onza de oro, pero con los gastos crecientes del Estado americano durante las décadas del 50 y 60, su economía acabó fuertemente endeudada a finales de los 60 y principios de los 70 y la cotización del dólar había caído mucho, por lo que naciones como Francia compraban oro en vez dólares, e incluso se había creado un mercado negro en que la onza de oro se vendía a 45 una onza, es decir 10 dólares por encima del precio oficial, y así finalmente el presidente de Estados Unidos Richard Nixon en 1971 informó que Estados Unidos abandonaba el patrón dólar-oro porque les atacaban los mercados internacionales.

A día de hoy y especialmente desde el tiempo del expresidente de Estados Unidos, Barak Obama, se ha publicado en medios de comunicación alternativos que se iba a volver al patrón oro, pero no ha sido así, aunque parecía que Trump tenía intención de ligar parcialmente el dólar al oro.

Además a día de hoy también continúan las publicaciones que parecen tener una influencia de la Nueva Era en las que básicamente se dicen que unos espíritus buenos nos traerán un nuevo sistema monetario Gesara-Nesara con la vuelta al patrón oro, y un nuevo sistema financiero cuántico, lo cual no se ha producido y es simplemente un engaño por parte de grupos que pueden considerarse la disidencia controlada, y que podrían ser perfectamente parte de un servicio militar de contrainteligencia de Estados Unidos, para que básicamente las personas piensen que todo está controlado y que no es necesario manifestarse o luchar por nada.

Este tipo de mensajes referente a que unos extraterrestres o espíritus buenos que en "el Gran Despertar" de la humanidad (que por cierto es también el nombre de una organización ocultista del siglo XIX) nos traen el sistema monetario Gesara-Nesara, el sistema financiero cuántico, etc. abundan en los canales de información relacionados con el movimiento QAnon (Q), que en teoría están a favor de Donald Trump, pero que posteriormente a las elecciones presidenciales del 3 de Noviembre del 2020, han sido un canal de desinformación diciendo que Trump tenía todo controlado en todo momento para ser el presidente de Estados Unidos a pesar de que se había producido un masivo fraude electoral que hizo que perdiera las elecciones.

De hecho como escribí recientemente en el libro "La gran conspiración americana. Las elecciones que cambiaron la democracia" en efecto hubo una conspiración según publicó la revista "The Time" para que Trump perdiera las elecciones por parte de sindicatos, las Big Tech (grandes corporaciones tecnológicas), empresarios, etc., pero Trump nunca pudo revertir esta situación a pesar de lo que decían estos medios de comunicación, ni nunca estuvo en control de ello.

De esta manera el dinero siempre ha sido necesario e incluso en las épocas en las que éste se eliminó se ha buscado sustitutivos como el tabaco por ejemplo, como en las cárceles o en la Alemania ocupada en la segunda guerra mundial, ya que el general Dwight Eisenhower prohibió el pago con la moneda alemana porque contenía una inscripción con la esvástica nazi.

Así pues el problema es que los bancos centrales emiten dinero de la nada especialmente para comprar la deuda pública de los Estados, financiar los agujeros de los bancos que prestan más dinero del que tienen en tesorería gracias a la conocida como reserva fraccionaria, es decir que pueden prestar más dinero del que tienen, siendo la reserva fraccionaria en Europa de máximo el 1%, es decir que con un 1 euro por ejemplo podrían prestar hasta 99, mientras que en Estados Unidos la reserva fraccionaria es hasta un máximo de 10%.

De esto modo los bancos centrales crean dinero de la nada o compran deuda soberana de los Estados, y los bancos privados también crean dinero de la nada cuenta prestan más dinero del que tienen, lo cual provoca una burbuja financiera en la que cada vez hay más dinero en el mercado y provoca inflación, pero la mayor parte de personas ignoran que esta deuda pública de las naciones y déficits de los estados son repercutidos en última instancia en forma de impuestos hacia las clases medias y bajas.

De esta manera esta inflación es muy difícil de parar y sólo se puede contrarrestar subiendo los tipos de interés para que haya menos flujo de dinero en el mercado, pero si se suben los tipos de interés cuando hay inflación y crisis económica como en el tiempo presente generada por la pandemia del Covid-19, entonces se hunde el dólar, se quiebra la economía.

Así para solventar estas burbujas financieras de expansión monetaria, entendiendo como expansión monetaria a la creación de más y más dinero sin respaldo en el ahorro de las personas, se compensan creando más burbujas financieras y con más expansión económica, y así la economía queda conectada a una máquina de respiración asistida.

Como ya advirtieron los padres fundadores de los Estados Unidos, una nación no debe endeudarse porque quién debe dinero es esclavo de su acreedor, que es lo que indica la misma biblia.

De esta manera en el libro de Proverbios de la biblia dice así: "El rico domina a los pobres y el deudor es esclavo del acreedor" Proverbios 22:7, lo cual es evidente tanto en la vida privada, cosa en la vida nacional.

Al respecto también hay una cita de Henry Ford que ilustra muy bien diciendo que "es bueno que la gente no conozca el sistema bancario y monetario porque habría una revolución mañana por la mañana."

De esta manera el sistema de creación del dinero de la nada sin ningún respaldo es un medio opresor y empobrecedor de las clases medias y bajas que cada vez deben pagar más impuestos para sostener un Estado creciente que se endeuda cada vez más y para sostener unos bancos que hacen que las personas cada vez estén más endeudas con ellos a través de sus préstamos.

Así pues el presidente del Foro Económico Mundial, Klaus Schwab ,que es el ente que actualmente está dando la cara por la agenda globalista, en su libro publicado en Junio del 2020 titulado "Covid-19: el Gran Reinicio", ya habla de esto así: "El estado intentará ejercer su influencia sobre los bancos centrales para financiar importantes proyectos públicos y del mismo modo es posible que el precepto de que el Estado pueda intervenir para mantener el empleo, la renta de los trabajadores y evitar la quiebra de las empresas perdure cuando estas políticas lleguen a su fin". Es decir, Klaus Schwab está diciendo que es probable que la presión pública y política se mantengan para que este tipo de medidas persista, por lo que apoya la continua expansión monetaria, la deuda perpetua y creciente de los Estados y el empobrecimiento creciente también de las clases que pagan los impuestos para mantener estos gastos.

Así los entes globalistas como el Foro Económico Mundial, el Banco Mundial, los bancos centrales, el Banco Internacional de Pagos, etc. no quieren librarnos de este sistema financiero y monetario engañoso y esclavizante sino que piensan incrementarlo y perpetuarlo en el tiempo.

De parecida manera estos entes supranacionales globalistas pretenden acabar con el dólar como reserva y con el sistema monetario tal como está montado a día de hoy, provocando a través de la expansión monetaria una inflación en la que los precios suban de manera exponencial lo cual acabará todavía más en el empobrecimiento de la mayoría.

Además estas oligarquías globalistas pretenden acabar con el dinero metálico a través de la creación de las llamadas divisas digitales que no debemos confundir con las criptomonedas como el Bitcoin.

Se puede pensar que con el fin del dinero en metálico se acabará con el lavado de dinero y con la trata de blancas o la pedofilia pero demostrado está que se siguen cometiendo casos de corrupción a día de hoy con el pago a través de tarjetas de debido y crédito igualmente, y que el pago a través de medios digitales no previene el blanqueo de capitales.

En definitiva el sistema financiero actual de expansión monetaria continua traslada los costos a través de impuestos a las clases medias y pobres, lo cual es un robo y latrocinio, y simplemente ayuda a crear un sistema socialista global donde las naciones sean cada vez más pobres y gobernadas por entes supranacionales como el Foro Económico Mundial que dirigirían la política y economía globales.

De esta manera con la excusa de que hay que dar ayudar sociales para paliar las crisis que estos financieros y oligarquías supranacionales provocan, los Estados cada vez se endeudan más para esclavizar y empobrecer a las clases medias y bajas.

3

El Bitcoin contra las divisas digitales

Como bien sabemos muchos de nosotros el valor del Bitcoin ha cotizado al alza en los últimos meses especialmente cuando el actual hombre más rico del mundo, Elon Musk, declaró en Febrero del 2021 que había invertido $1.000 millones en bitcoin. Así el 13 de Abril del 2021 llegó a cotizar a un precio récord de $63.588,20 por bitcoin.

Así pues el bitcoin es la criptomoneda estrella, pero hay muchas otras criptomonedas además del bitcoin. Se trata de una moneda digital que no está emitida por los bancos centrales, que es independiente de los Estados y anómina, ya que cuando se paga o vende con bitcoins no aparecen los nombres de las personas que hacen las transacciones de compra-venta.

Las transacciones en bitcoin se realizan a través de un software y de un algoritmo. Para realizar estas operaciones de compra venta u otras transacciones se necesitan una clave pública y otra privada. La clave pública que sería la dirección del wallet o monedero del que va a recibir el dinero (se llama wallet, que en inglés significa precisamente monedero) y la clave privada que es para abrir esa caja o wallet de la persona a la que queremos enviar bitcoins o pagar. Cuando se envía bitcoins al destinatario éste puede comprobar si ha recibido esos bitcoins abriendo su monedero con su clave privada.

Los bitcoins no viajan de un ordenador a otro o de una billetera a otra, porque al tratarse de un sistema digital basado en tecnología blockchain o de cadena de bloques, la transacción queda registrada en una base de datos digital global.

De estas transacciones quedan registradas miles de copias en los servidores de los usuarios que actúan como mineros. De esta manera hay una base de datos global de la cual se realizan copias de la misma en multitud de dispositivos como mineros haya. De esta manera este sistema está protegido porque está descentralizado y al mismo tiempo nadie puede alterarlo porque todo el mundo tiene una copia de su original.

La diferencia fundamental es que nosotros tenemos un registro en nuestro Banco de nuestro depósito, de nuestras transacciones, de nuestros movimientos, pero con el bitcoin hay un registro común para todos, descentralizado y que no puede controlar nadie y que se puede verificar por cualquier minero en cualquier momento.

Así pues se puede verificar que una operación con bitcoin se ha producido pero lo que no se puede saber es la identidad de ambas personas.

La identidad nunca se sabe ya que se está operando todo el rato con una cuenta digital numérica.

Los mineros son personas que al principio, estaban en su casa con un ordenador y ahora se han profesionalizado poniendo sus equipos informáticos a trabajar para validar las transacciones, es decir al enviar bitcoins a otra persona o empresa, lo que hace el sistema de blockchain es mandar esa operación a los mineros que compiten a través de un software para ver quién firma esa transacción, para ver quién hace de notario de esa transacción y una vez que la transacción se ejecuta queda registrada en el sistema blockchain o de cadena de bloques.

Así pues tenemos decenas de miles de ordenadores conectados minando a la vez. De hecho hay un estudio de la Universidad de Cambridge que dice que el bitcoin solo consume 88 tera vatios por hora de electricidad al año, que es más o menos el consumo de electricidad al año de Bélgica.

Así el precio de la electricidad en una nación sí que influye en la cantidad de mineros que puedan haber en ese país, y así la mayor parte de los mineros están en China, porque la electricidad es mucho más barata y entonces tienen un incentivo extra para minar bitcoins.

Además a mayor precio de los bitcoins pues mayor incentivo para que haya más mineros, ya que a ellos se les paga con bitcoins.

Se trata de un sistema de pago más seguro que el sistema financiero tradicional, basado en la tecnología blockchain en el que hay una competencia por tener mayor capacidad de procesamiento y mejores servidores porque a más potencia de procesamiento mayor posibilidad de poder minar (confirmar) una operación con bitcoins.

El problema con las criptodivisas y la tecnología blockchain es que es difícil de entender para los que no son informáticos, es decir su funcionamiento no es intuitivo y además como es sabido hay noticias a menudo de robo de bitcoins en los exchanges, que son los lugares de intercambio de bitcoins. Estos exchanges a menudo son hackeados y sus bitcoins robados, ya que los exchanges se encargan de administrar los bitcoins de los usuarios y de salvaguardar sus claves privadas, por lo que a menudo sería mejor que imprimiéramos varias copias de nuestras claves privadas, las cuales se convierte en un código QR que podemos imprimir para evitar depositar nuestras claves en un exchange de bitcoins y que puedan ser robados.

Un tercer problema de las criptomonedas y en especial del bitcoin es que no son buenos activos de reserva de valor ya que están sujetos a mucha volatilidad en su valor de cotización

Sin embargo por otro lado los bancos centrales están impulsando lo que se llaman las divisas digitales que a menudo se confunde con las criptomonedas, pero que básicamente son emitidas por los bancos centrales, y que podrían estar ligadas o no al oro o a otros materiales. Los directores de estos bancos centrales justifican la creación de estas divisas digitales con el hecho de poder adaptar las operaciones de transacción a las nuevas tecnologías, pero de hecho no tiene sentido porque a día de hoy ya se hacen operaciones de forma digital a través de las tarjetas de débito o crédito por ejemplo.

De esta manera la verdadera razón no confesa de la creación de divisas digitales es para acabar con el dinero en metálico y así poder controlar a las personas en qué y cómo gastan el dinero, para que así el Estado y los gobiernos supranacionales globalistas puedan indicarles qué deben y qué no deben comprar y consumir.

De hecho el dinero en metálico junto a las criptodivisas es uno de los pocos caminos que todavía tenemos para que no controlen en qué y cómo nos gastamos el dinero y poder conservar esa mínima libertad individual, ya que si el dinero en metálico desaparece no podremos sacar dinero del banco en caso de que los bancos empiecen a cobrarnos intereses negativos o comisiones altas por ejemplo, lo cual desafortunadamente ya está pasando en algunos bancos de los países nórdicos de Europa donde a los clientes se les está cobrando intereses negativos por tener su dinero en cuentas bancarias.

De hecho los intereses negativos es la consecuencia de la continua expansión monetaria que crea dinero sin respaldo de oro, otros materiales o de ahorro, e indica que el dinero del futuro valdrá menos que el de hoy, por lo que se desincentiva el ahorro, que es exactamente lo que también impulsan los bancos centrales y los organismos globalistas, es decir que haya consumo y no se ahorre, lo cual choca frontalmente con la situación en la que a día de hoy estamos de confinamientos parciales por el Covid-19 y de limitaciones en las aperturas de los negocios, con la crisis económica consecuente que limita el consumo por la incerteza ante el futuro, la falta de trabajo, establecimientos con horarios limitados y restricciones, el cierre parcial de las fronteras para viajar, etc..

De este modo si el dinero en efectivo desaparece y las criptomonedas también desaparecieran entonces cuando los bancos comiencen a cobrarnos intereses negativos por tener cuentas abiertas con ellos y tener nuestro dinero allá ingresado no habrá forma de poder librarnos de que nos vayan quitando ese poco ahorro que tengamos. De hecho la previsión es que se legislará a corto-medio plazo a favor de que los bancos puedan cobrar comisiones a los usuarios, y así en vez de cobrar intereses negativos quedará maquillado o justificado como el pago de comisiones para la gestión, mantenimiento y el uso de los servicios bancarios.

4

El Grupo de los 30 o G30

El grupo de los 30 como les gusta llamarse a ellos mismos en su propia página web es un grupo bastante desconocido. Eso del grupo de los 30, ya como inicio, recuerda a las 30 monedas de plata que profetizó Zacarías y que recibió Judas como pago por delatar y traicionar a Jesús, pero recuerda también a los 30 tiranos del gobierno de Atenas.

Así pues el G30 es uno de los instrumentos creados y financiados por la Fundación Rockefeller y se trata de un colectivo de banqueros, académicos y políticos que dirigen las finanzas mundiales en la sombra y sin hacer mucho ruido. Forman parte los directivos de las gestoras de los tres grandes fondos de inversión, los "Big three": Black Rock, Vanguard y State Street Corporation que son también los principales accionistas de las principales compañías creadores de vacunas como Pfizer o Moderna, y a los cuales se podría añadir la gestora de fondos de inversión Fidelity.

También forman parte del G30 los directivos de los grandes bancos de inversión o "Big Bank" como JP Morgan o Goldman Sachs entre otros.

Además el G30 es una institución privada en teoría sin ánimo de lucro, lo cual es difícil creer teniendo en cuenta que está formada por banqueros, y tiene una importancia determinante en la marcha de la economía planetaria y es uno de los instrumentos creados y financiados por la Fundación Rockefeller, estando un nivel por arriba en la jerarquía de poder mundial sobre los grandes gestoras de fondos de inversión mencionadas, los bancos centrales o los grandes bancos de inversión como JP Morgan o Goldman Sachs.

Su nombre oficial es Grupo Consultivo sobre Asuntos Económicos y Monetarios Internacionales y tiene su sede en Washington, Estados Unidos.

Sus miembros celebran reuniones periódicas, producen informes altamente influyentes, marcando el camino que luego deben seguir los gobiernos y las empresas financieras con las cuales comparten mesa y mantel.

En el grupo de los 30 hay directores del Banco Internacional de Pagos, institución con sede en Basilea y que ejerce como el Banco Central de los bancos centrales.

Aunque muchos puedan pensar que se trata de un grupo occidental, lo cierto es que China también tiene representantes, así como otros países asiáticos y también está presente Rusia. Así pues parece que de alguna manera estos países pueden estar aprovechando para asistir como oyentes, aunque muchas veces tengan sólo voz pero no voto, aunque en realidad la política monetaria de Rusia o de China no tiene mucho que ver con la de Europa, con la de Estados Unidos, con la de Inglaterra o con la de los países occidentales que tienen miembros presentes en el grupo de los 30.

Sus miembros se reúnen y toman decisiones sin luces ni taquígrafos, y la verdad es que es casi imposible encontrar contenido de sus reuniones en internet. Pero la verdad es que pasa como en el Foro Económico Mundial y a la hora de tomar decisiones los miembros del G30 se reúnen en hoteles.

Hay personas que acceden a grabaciones de estas reuniones en internet, no se sabe si en la dark web o en páginas muy especializadas, pero hay personas que parecen asegurar que han accedido a algunas de estas reuniones donde se escucha hablar a los miembros del G30 habiendo grabado parte de la reunión.

Así como ya se ha dicho los integrantes del G30 lo que hacen es manejar el sistema monetario fiduciario global desde las sombras y, por supuesto disponiendo de información privilegiada. ¿Quiénes son sus miembros?. Así pues si vamos a la página web del grupo de los 30 y lo miramos, básicamente son gobernadores de bancos centrales, directores del Fondo Monetario Internacional, del Banco Mundial, del Banco Internacional de Pagos, secretarios del Tesoro, ministros de finanzas, así como economistas con gran predicamento entre la izquierda como el estadounidense Paul Krugman.

También hay miembros de los grandes bancos de inversión con personas que están o no en activo, aunque muchas de ellas están actualmente en los principales centros de poder monetario mundial.

Es decir, no se trata de un organismo donde vayan los que se han retirado sino que también hay personas que actualmente están ocupando el cargo como la actual secretaria del Tesoro de Estados Unidos, Janet Yellen, el actual presidente italiano Mario Draghi, que anteriormente fue presidente del Banco Central Europeo.

De esta manera actúan como una especie de oficina política de planificación financiera, interviniendo tipos de interés y ayudando a los bancos de inversión y a algunos bancos comerciales a actuar, como los instrumentos de una orquesta en la cual el G30 lleva la batuta y participa en el diseño de las partituras. Hablamos de que participa en el diseño de las partituras porque las partituras seguramente se diseñen en un escalón superior de la pirámide.

La cúpula actual del G30 está liderada por Jacob Frenkel que es el presidente del banco de inversiones JP Morgan Chase, miembro del organismo globalista la Comisión Trilateral y fue gobernador del Banco de Israel. Además se le ha concedido el título de Caballero de la gran Cruz italiana.

Además algunos consideran que Jacob Frenkel también sirve a los intereses de la nobleza negra, que sería la base del sindicato del crimen mundial que controla este planeta. La nobleza negra o la aristocracia negra son las familias aristocráticas que se pusieron del lado del papado bajo el papa Pío IX después de que el ejército del Reino de Italia dirigido por la familia Saboya ingresara en Roma el 20 de septiembre de 1870, derrocó al papa y los Estados Pontificios , y se hizo cargo del Palacio del Quirinal y de los nobles posteriormente ennoblecidos por el Papa antes del Tratado de Letrán de 1929. Cualquier familia que produjo papas para el Vaticano es realeza. La mayor parte de la nobleza negra es realeza del Vaticano. La nobleza negra se consideran príncipes soberanos.

Estas familias obtuvieron el título de nobleza "negra" por su implacable falta de escrúpulos. Emplearon el asesinato, la violación, el secuestro, el robo y todo tipo de engaños a gran escala, sin oponer resistencia a la consecución de sus objetivos.

Así pues según escritores como Daniel Estulin, se utiliza el Vaticano un poco como red de inteligencia y dentro del grupo de los 30 parece que tiene una gran importancia la propia Compañía de Jesús (los jesuitas), los escitas, la orden de Malta y los caballeros de Colón entre otros.

Si además miramos más en profundidad la biografía de Jacob Frenkel descubrimos que fue vicepresidente de la American International Group, AIG, que fue la gran aseguradora rescatada por el Gobierno de Barack Obama tras la quiebra de Lehman Brothers, que no se rescató.

De esta manera si analizamos la trayectoria de Jacob Frenkel ha estado en prácticamente todos los centros de poder financiero del mundo, siendo también presidente del banco de inversiones Merrill Lynch International, banco que fue comprado por Bank of America, y que a su vez fue rescatado precisamente también en 2008 gracias al dinero de los contribuyentes norteamericanos.

También el Grupo de los 30 tiene un español entre su Consejo Directivo, Jaime Caruana, que fue gobernador del Banco de España y presidente del Banco Internacional de Pagos, como muchos otros miembros del G30.

También forma parte del G30 Mario Draghi, que además es responsable de que este grupo se hiciera relativamente famoso porque cuando era presidente del Banco Central Europeo, el Defensor del Pueblo europeo presentó un documento con una petición para que saliera del G 30 porque consideraba que había un evidente conflicto de intereses, pero de hecho en la mayoría de entidades supranacionales globalistas hay personas todavía al frente de gobiernos, instituciones o bancos que tendrían conflictos de intereses. Pero al final el Parlamento Europeo se pronunció diciendo que señor Draghi podía pertenecer al G30, ser presidente del Banco Central Europeo y ser perfectamente el presidente italiano sin ningún problema, como lo está siendo ahora.

Otro miembro destacado del G30 es Mark Carney, que fue gobernador del Banco Central de Canadá, posteriormente gobernador del Banco de Inglaterra y que inició su carrera en el banco de inversiones Goldman Sachs, donde pasó 13 años, seguramente siendo preparado para asumir su misión actual. Así pues los bancos de inversiones Goldman Sachs y JP Morgan siempre han tenido trabajadores en nómina que posteriormente serían bastiones de la agenda globalista.

De este modo en Junio de 2019, antes de la llegada de la pandemia del Covid-19, siendo gobernador del Banco de Inglaterra, Mark Carney dio un discurso en Londres vaticinando el futuro después de la pandemia del Covid-19, y así podemos comprobar hasta qué punto la realidad que estamos viviendo en estos días lleva tiempo planificándose, gestándose y cocinándose a fuego lento. De esta manera Carney dijo: "Está surgiendo una nueva economía impulsada por los cambios en la tecnología, la demografía y el medio ambiente, y esta economía requiere una nueva financiación, una nueva financiación al servicio de la economía digital. Una nueva financiación con productos que son más rentables, mejor adaptados y más inclusivos.

Una nueva financiación para apoyar la transición a una economía sostenible. Una nueva financiación que equilibre la innovación con la resiliencia. Con su liderazgo en fintech y finanzas verdes, el sector privado del Reino Unido está creando las nuevas finanzas, el momento es ahora."

Afortunadamente parece que esta fusión de finanzas y falsa ecología está fracasando, no está dando los resultados esperados y esta élite global parece estar nerviosa. De hecho hay una campaña de desinformación para hacer creer a la opinión pública que hay que acelerar la transición verde, según parecería con el libro que publicó Bill Gates en Febrero del 2021 titulado "Cómo evitar un desastre climático" y con el libro de la autora canadiense Naomi Klein, "En llamas". En este sentido es posible que las élites globalistas se quieran anticipar, porque ellos pensaban que iban a tener mucho tiempo para poder aprovecharse de la situación de la pandemia del Covid-19, pero están viendo que el tiempo se les acorta y que en algún momento se va a caer este espejismo de poder utilizar la pandemia para justificar e impulsar cualquier tipo de medida, ya sea de transición a energías verdes como la restricción de derechos individuales o restricciones a la libertad de los comercios.

Además también tuvo un papel fundamental en la creación del G30 la familia Rothschild, uno de los miembros de la cual, Lady Lynn de Rothschild también pertenece al grupo de nuestros guardianes del Capitalismo Inclusivo al que también pertenece el papa católico Francisco.

Además pusieron de primer presidente del G30 a Geoffrey Bell, un hombre de la London School of Economics, institución fundada por la sociedad fabiana y que ha impulsado recientemente a economistas de la escuela de Soros, como el eurodiputado Luis Garicano, que también suele aparecer en estos programas. De hecho la sociedad fabiana tenía como escudo un lobo con piel de cordero, que es muy apropiado y además no fue casual, ya que ellos lo escogieron totalmente a sabiendas de lo que escogían.

Es muy significativo además de la implicación ocultista que obviamente tiene el escudo de la sociedad fabiana, que también una de las razones por las que ha pasado a la historia esta sociedad es por haber participado en la creación Intelectual del Estado de bienestar, que es efectivamente un lobo con piel de cordero. Es decir el Estado del Bienestar es un lobo con piel de cordero porque con la promesa de la asistencia del Estado se consigue tener sometidos a los súbditos como está sucediendo ahora en todo el planeta.

Incluso algunos autores van más lejos ya que consideran que esta sociedad ha actuado como una plataforma de conexión del proyecto masónico mundialista, es decir que han tenido una cierta participación o que por lo menos miembros de ambas sociedades han compartido también mesa y mantel, es decir que han tenido reuniones juntos.

La sociedad Fabiana tiene también su parte en toda la cuestión de los primeros trazados de agenda globalista que ya se producen a finales del siglo XIX e inicios del siglo XX. Estas conexiones son muy claras y como pasa hoy en día se ven estas conexiones porque la gente que tenía importancia iba a todas las reuniones de todos los grupos globalistas, como era el caso del famoso neurólogo creador del psicoanálisis Sigmund Freud.

Así pues esta gente se veía en los mismos sitios y esto no obedece a la casualidad, como hoy en día no es casual que Lady Lynn de Rothschild esté al lado del papá Francisco en la foto del grupo del Consejo para el Capitalismo Inclusivo

Y además estas élites están participando en el dominio intelectual de las grandes universidades, como en la universidad de Oxford, Cambridge, Yale, Harvard, en los medios de comunicación de alcance mundial. De hecho uno de sus pontífices. económicos fue Keynes John Maynard Keynes.

Así pocos saben que Keynes hizo una reseña sobre un libro que escribieron en 1936 los dos fundadores de la sociedad fabiana, que son el matrimonio Webb, cuyo libro se llama "Comunismo soviético: una nueva civilización". Por lo que parece que el título del libro tampoco estuvo demasiado bien pensado y en su reseña Keynes escribió que el resultado de comunismo de Stalin fue impresionante.

El propio Keynes, en su libro "La teoría general de la ocupación, el interés y el dinero", en su introducción especifica que un modelo donde se realizaría de forma perfecta esta teoría sería en un estado totalitario. Pero aunque Keynes no era un economista liberal, a día de hoy sería más liberal que los ministros de economía de algunos países occidentales.

Así desde hace mucho tiempo ya se está planteando uno de los elementos característicos de la agenda globalista, que es acabar con la soberanía nacional y con la capacidad de los ciudadanos para poder elegir gobernantes que se opongan a los planes de los ingenieros sociales, siendo el elemento más importante de esta soberanía determinar la política monetaria. De este modo Mayer Rothschild dijo: "Dadme el control del suministro del dinero de un país y no me importará quién haga sus leyes".

Y así también el doctor Frank Peak decía que el destino de la moneda es y siempre será el destino de una nación.

Por lo tanto es necesario salir de la dicotomía de derecha e izquierda política y hablar de globalismo versus patriotismo. Así efectivamente el destino de la moneda es el destino de una nación y si lo que tenemos es un grupo por encima de los bancos centrales como el G30 determinando el destino de las naciones, tenemos la agenda globalista en acción porque estamos hablando de que estas oligarquías supranacionales quieren coordinarlo todo, incluso coordinar los planes de los bancos centrales.

Asimismo la agencia de noticias Bloomberg ha dicho que el Banco Internacional de Pagos es uno de los medios financieros de referencia porque es el organismo ejecutor del G30 y el último bastión de la tecnocracia global.

Este bastión de la tecnocracia global, el que dirige el grupo de los 30, ahora con la llegada del Covid ha pisado el acelerador para que gracias a la dependencia tecnológica de las sociedades y a la crisis económica provocada por la gran burbuja de deuda, aprovecha para lanzar las nuevas monedas digitales, es decir el euro, el dólar, el yuan digital, etc. Estas monedas digitales son la competencia de bitcoin y que son el nuevo elemento de la represión financiera al tener como objetivo no confeso provocar la desaparición del dinero en efectivo, aunque es difícil que se vaya a producir porque hay mucha gente que no quiere que desaparezca el dinero en efectivo, y este proyecto está fracasando en parte en la mayoría de naciones donde se ha puesto en marcha excepto en China.

En China ha llegado un momento en que la nueva generación actual han pasado prácticamente de que sus padres vivieran en los pueblos y con poca presencia de medios tecnológicos en sus casas a hacerlo prácticamente todo con el móvil usando unas super apps como WeChat, haciendo prácticamente todo a través del móvil siendo además muy cómodo pagar a través de este dispositivo.

Pero el caso de China es diferente a acabar completamente con el dinero en efectivo, porque esto ya implicaría el control de los ciudadanos a un nivel superior absoluto

Además el G30 se ha Unido a los señores del Foro Económico Mundial que son los promotores del Gran Reseteo.

Así pues en junio de 2020 se creó el Consorcio Global para una Gobernanza Digital, es decir que se trata de que todo el mundo tenga una identidad digital y que todo el mundo utilice dinero digital y entonces ya no hará falta más para controlar a las sociedades, sino simplemente pulsar un botón.

El G30 y en especial este Consorcio Global ha puesto mucho énfasis en el tema del control global de las criptodivisas porque son la competencia a las monedas digitales.

De hecho en este Consorcio Global para una Gobernanza Digital vuelven a aparecer los mismos miembros que aparecen en el G30, en el Foro Económico Internacional o en otros entes globalistas como la presidenta del banco español, Banco Santander, que es Ana Botín, Jacob Frenkel, que es el presidente del G30 del que hemos hablado antes, Mario Draghi

Así en Enero del 2021 el G30 publicó un informe presentado por Mario Draghi en el que emplazaba a los gobiernos a facilitar un proceso de destrucción creativa en la crisis del Covid, pero no permitiendo que el mercado haga los ajustes entre oferta y demanda sino atribuyendo al estado y a las élites la configuración de esta Nueva Economía previamente destruida por las decisiones políticas y económicas, precisamente por ellos mismos, por el G30.

Y si se lee informe entre líneas nos damos cuenta de que lo que está pidiendo a los gobiernos el G30 es que les ayuden a elegir entre qué negocios deben sobrevivir y quienes deben morir para facilitar la transición a la nueva normalidad.

De este informe se desprende también que el G30 quiere un estado social global corporativista y dicen que el momento actual ofrece la ocasión para acelerar los procesos, que es el tipo de lenguaje que tenemos en todos los comunicados de todos los organismos globalistas.

De esta manera esta oligarquía globalista no solamente recomienda sino que da instrucciones que esperan que se sigan, y para asegurarse del cumplimiento tienen entre sus miembros cargos de relevancia.

Al parecer se va a vender la próxima crisis financiera no como una crisis producida por la crisis del Covid, sino por una crisis financiera provocada por el cambio climático y ya tienen nombre, va a ser la crisis del cisne verde que podría ser el próximo proyecto del G30.

De este modo hay ya un documento del Banco Internacional de pagos que utiliza este concepto del cisne negro, el cual utiliza su presidente Nassim Taleb para justificar una ofensiva global en el sector financiero. Taleb considera que la crisis económica derivada del Covid-19 no es una crisis de cisne negro ya que se podía prever.

De este modo hay un informe acerca del Covid-19 que se puede encontrar en la web del Banco Internacional de Pagos, donde aparece el cisne verde directamente ya vestido de verde explicando que la próxima crisis será una crisis climatológica. De esta manera parece que están pisando el acelerar para sacar provecho de la teoría del calentamiento global.

De esta manera en el Foro Económico Mundial del año 2020, Donald Trump dijo que los globalistas siempre exigen lo mismo, es decir poder absoluto para dominar, para transformar y para controlar cada aspecto de nuestras vidas.

Así pues el G30 es un elemento nuclear de estos planificadores con ansias de poder que nos piden ayuda para aplicar un Gran Reseteo y no precisamente con buenas intenciones aunque se quieran presentar como buenas personas que miran por el interés y los derechos de las personas.

Parte 2. <u>Nuevos proyectos, nuevos conceptos y élite de la agenda globalista</u>

5

Consejo para el Capitalismo Inclusivo

Así pues la mejor manera de que la agenda globalista no triunfe es que la gente sepa que es un gigante con pies de barro y esta agenda se manifiesta hoy en día en el contexto del Gran Reseteo, cuya implantación de esta agenda se ha acelerado con motivo del Covid, y cuyos ingenieros sociales han lanzado a la opinión pública una serie de eventos y medidas con diferentes eslóganes, así el de la nueva normalidad quizás es el más famoso, aunque también está el del "build back better", es decir reconstruir mejor, que sería el eslogan que corresponde al Consejo del Capitalismo Inclusivo que vamos a examinar.

La traducción de capitalismo inclusivo deriva del original en inglés del libro del presidente del Foro Económico Mundial, Klaus Schwapp, Stakeholder Capitalism, que significa literalmente capitalismo de las partes interesas, lo cual traducido así se entiende bastante mal.

Así pues como ya mencionamos en el capítulo anterior sobre el G30, Klaus Schwap, fundador y presidente del Foro Económico Mundial, publicó un libro que salió a finales del mes de Enero del 2021 con el título de: "Capitalismo de las partes interesadas: una economía global que trabaja para el progreso, para la gente y para el planeta".

Según la misma página web del Foro Económico Mundial en un artículo sobre lo qué es el capitalismo inclusivo se explica según palabras textuales sacadas del libro de Klaus Schwap al respecto: "Ese es el núcleo del capitalismo de partes interesadas: es una forma de capitalismo en el que las empresas no solo optimizan las ganancias a corto plazo para los accionistas, sino que buscan la creación de valor a largo plazo, teniendo en cuenta las necesidades de todas sus partes interesadas y de la sociedad en general."

Así si nada más comenzar la pandemia tuvimos el libro de Klaus Schwap titulado "Covid-19: El gran Reseteo", ahora tenemos otro destello del capitalismo, pues se ve como nos van guiando por este nuevo mundo que pretenden configurar. Aunque el aperitivo lo hemos tenido en diciembre de 2020, con la creación de Del Consejo para el capitalismo inclusivo que es una iniciativa liderada por el Vaticano, cuyo padrino es el papá Francisco y cuya madrina es Lady Lynn Forester de Rothschild.

Así los miembros de la agenda globalista ya no se ocultan a diferencia como decía en una intervención del Club Bilderberg el mismo David Rockefeller, que agradecía a los grandes medios que no hubieran contado nada, que no hubieran arrojado luz porque así ellos podían haber avanzado en su agenda, lo cual hubiera sido imposible si los medios hubieran cumplido con su obligación, dicho sea de paso.

Además, tienen página web y si se entra en la página web del Consejo del Capitalismo Inclusivo hay una foto en la que se encuentra Lady Lynn al lado del papa Francisco. Por otro lado los miembros del Consejo para el Capitalismo Inclusivo se denominan los guardianes del capitalismo inclusivo o nuestros guardianes.

De palabras del propio papa Francisco Bergoglio, el objetivo del grupo es hacer del capitalismo una herramienta más inclusiva para el bienestar humano integral. Pero este bienestar humano integral lo decide el propio Papa Francisco con Lady Lynn de Rothschild y no Dios por supuesto. Por lo tanto se trata de un bienestar humano integral que puede no corresponder con lo que considere cada uno. Es decir lo que una persona pueda considerar bienestar humano integral puede no ser lo mismo que para otra persona.

Así pues nos damos cuenta de que Dios no tiene nada que ver con el Vaticano y nunca ha tenido nada que ver.

Lady Lynn de Rothschild dijo en la presentación de este grupo que el capitalismo ha provocado la degradación del planeta y que el Consejo para el Capitalismo Inclusivo seguirá la recomendación del papá Francisco al respecto

Lady Lynn cita textualmente que debemos escuchar el llanto de la tierra y el llanto de los pobres para diseñar modelos de crecimiento más equitativos y sostenibles.

Esto del llanto de la tierra suena de nuevo a la Amazonía y a viejo paganismo donde se adora a la Tierra en vez de a Dios, y se considera al planeta Tierra como un dios vivo que sufre el maltrato de los seres humanos.

Relacionado con este paganismo en una de las emisiones de moneda que desde hace muchísimo tiempo el Vaticano realiza para ganar dinero, resulta que aparece la Pachamama, es decir, es una señora con rasgos indígenas que está embarazada de la Tierra. De esta manera aunque el diseño desde un punto de vista artístico es impecable pero el mensaje está lleno de paganismo.

Además en el Consejo para el Capitalismo Inclusivo hay representación de muchas multinacionales, pero destacan el presidente de la Fundación Rockefeller, Rajiv Shah, el presidente de State Street Corporation, que es uno de los grandes fondos de inversión mundiales, Mark Carney, que fue el responsable del Banco de Inglaterra y ahora es representante especial de las Naciones Unidas para la acción climática y las finanzas, juntando estas dos disciplinas.

Pero aparte hay miembros de la Big Tech, de la Big Bank, miembros de los sindicatos mundiales, es decir la lista de sospechosos habituales en los entes y reuniones de la agenda globalista.

También están los presidentes de Visa y Mastercad en el grupo del Capitalismo Inclusivo, lo cual parece una contradicción ya que Visa y Mastercard son dos multinacionales que representarían más bien los valores del capitalismo de siempre.

Además Mastercard colabora también con Bill Gates en el proyecto ID2020 (Identidad Digital 2020) que aspira a marcar digitalmente a todos los humanos del planeta.

Lady Lynn de Rothschild por su parte es una de las personas que pertenecían al círculo más íntimo del pederasta Jeffrey Epstein. Así pues Jeffrey Epstein dijo que Lady Lynn era amiga suya y que ella le presentó al que finalmente fue abogado de Epstein. De este modo el que fuera abogado del propio Epstein, Alan Dershowitz dijo públicamente que la señora Lynn de Rotchshchild le buscaba contactos a Epstein, es decir que le abría puertas. De hecho, ella le presentó a este jurista bastante prestigioso en Estados Unidos, que es el que estuvo en el equipo para defender al exjugador de fútbol americano O.J. Simpson.

Así pues los juicios que emite Alan Dershowitz suelen ser acertados y es muy buen conocedor de la ley pero no es una persona precisamente caracterizada por su ética y además está muy bien conectado con los lobbies sionistas en Estados Unidos. De hecho él mismo tiene ascendencia judía y su apellido es judío.

También Lady Lynn es buena amiga del matrimonio Bill y Hillary Clinton y cuando se casó con otro Rothschild, pasaron al menos una noche de luna de miel invitados a la Casa Blanca ocupada en aquel tiempo por los Clinton.

Aunque el papa Francisco prometió muchas cosas cuando ascendió al trono Pontificio, entre otras, poner orden en las cuentas del Vaticano, realmente no ha puesto nada de orden en estas cuentas y la banca vaticana se sigue utilizando para operaciones de lavado de dinero.

Por su lado el presidente de la Fundación Rockefeller Ravij Shah, que pertenece al Consejo del Capitalismo Inclusivo ayudó a Bill y a Melinda Gates en aquel proyecto de la alianza para una revolución verde en África, Agra, y que concluyó básicamente con un aumento del 30% de la cantidad de personas que pasaban hambre al hundir la ya de por sí pobre productividad agrícola del continente africano al introducir las famosas semillas genéticamente modificadas, que solamente dan fruto una vez, y que dan fruto a árboles o vegetación estéril, es decir que no se pueden reproducir.

Además Ravij Shah, el presidente de la Fundación Rockefeller, también estuvo en la agencia de Estados Unidos para el desarrollo internacional, o USAID por sus siglas en inglés.

La USAID también ha intervenido en salvajes en África y también ha trabajado para Gaby, la alianza de Bill Gates para la vacunación global. Ravij Shah está ahora al frente de la Fundación Rockefeller y meses después de la llegada de la pandemia en Junio del 2020 publicó un informe en el que propone transformar el suministro de alimentos en Estados Unidos, a lo cual llama "reset the table" (resetear la mesa, otro proyecto de reseteo globalista), precisamente después de que Bill Gates haya hablado de comer carne vegetal y de que Gates haya comprado hectáreas de terreno en Estados Unidos pasando a ser el primer latifundista de esta nación. Este proyecto de "reset the table" básicamente se trata de una transición para comer menos carne, y comer carne vegetal y carne creada en el laboratorio, lo cual será difícil que tenga éxito en Estados Unidos ya que allí se come mucha carne, y existen unos poderosos lobbies de la industria cárnica.

Así pues en Estados Unidos se consume mucha carne porque que entre otras cosas porque es relativamente económica y porque además es muy fácil de cocinar, es decir, a fin de cuentas, una plancha en una parrilla es la cosa más sencilla del mundo.

De manera que si con todos estos fundos que está comprando Bill Gates se van a dedicar a la exportación a otros países, seguramente el negocio redondo pero si se pretende pasar a los norteamericanos de una dieta que es fundamentalmente carnívora a una dieta vegetariana posiblemente el señor Gates tiene pocas posibilidades de éxito.

De esta manera en las reuniones del Consejo para el Capitalismo Inclusivo como en otras reuniones de entes globalistas se plantea de forma repetida la necesidad o la exigencia más bien de refundar el sistema económico global, pasando por encima de la libertad y de los derechos individuales más elementales y que nadie se cuestiona porque hay una pandemia, que es la gran excusa para cualquier reseteo.

Es decir, han logrado que los derechos individuales o su defensa pasen a un segundo plano y que la gente empiece a abrazar la posibilidad de que haya derechos que no sean individuales, es decir, derechos globales que sean determinados por alguien que está por encima de nosotros, y que tiene capacidad para determinar lo que está bien y lo que está mal.

Como siempre, estas élites dicen que lo hacen todo por nuestro bien, porque el cinismo es una de las características fundamentales de estos ingenieros sociales. Incluso el presidente francés Emmanuel macron, salió en su intervención diciendo que el capitalismo no puede seguir siendo el sistema en el que se basen las relaciones de los agentes económicos.

De esta manera los altos políticos de las naciones como el mismo presidente de Francia están repitiendo los mensajes de los entes globalistas, introduciendo un concepto que vamos a escuchar mucho en los próximos meses que es la supuesta desconexión entre la creación de valor y las ganancias empresariales y personales.

Desafortunadamente lo peor de todo es que se están lanzando estos mensajes globalistas y como la mayoría de las personas desconocen que el sistema actual que nos ha traído hasta el desastre nada tiene que ver ni con el capitalismo ni con la libertad. De esta manera las oligarquías globalistas tienen vía libre para poner este tipo de mensajes sin gran resistencia al respecto y con el terreno abonado previamente.

Así en el Foro Económico Mundial del 2020 se planteaban los retos del sistema económico antes de la pandemia y una de las intervenciones más destacadas y publicitadas fue la de Marc Benioff, multimillonario fundador de Salesforce, que es una empresa de datos en la nube. Así mismo Marc Benioff anunció en el Foro de Davos o Foro Económico Mundial, la muerte del capitalismo, siendo él precisamente una de las personas que se ha hecho multimillonario gracias al sistema económico actual.

Así pues el Foro Económico Mundial lleva años transmitiendo este mensaje que es necesario pasar a otro tipo de capitalismo, y así Marc Benioff en el Foro de Davos del 2018 dijo que "el concepto de crear valor por los accionistas ha sido una fuerza motora de los negocios que se ha consolidado desde que las empresas comenzaron a cotizar en bolsa pero sin embargo, cuando las empresas y los gobiernos se adaptan a las nuevas realidades de la cuarta revolución industrial, la idea de que el mayor éxito empresarial es el grado que enriquece a sus accionistas está siendo cuestionada."

Así el mismo presidente del Foro Económico Mundial, Klaus Schwap, es un especialista y está obsesionado con la Cuarta revolución industrial a la vez que con el salto evolutivo del ser humano hecho desde el propio ser humano, en lo que se conoce como transhumanismo.

Ahora el Consejo del Capitalismo Inclusivo está transmitiendo el mensaje que la pandemia del Covid-19 es una maravillosa oportunidad para poner en marcha un modelo en el que las grandes multinacionales trabajen codo con codo con los gobiernos. De esta manera el magnate globalista de las finanzas, George Soros dijo en Abril del 2020 que era la crisis de su vida.

De esta manera ahora sería en teoría el momento de fusionar empresas y Estados en beneficio del interés general, cuyos antecedentes de matrimonio entre el Estado y las grandes multinacionales o corporaciones lo tenemos en el nazismo de Adolf Hitler que lo copió del nacional corporativismo del dictador italiano Benito Mussolini.

Algunos autores van incluso más lejos y sitúan incluso los orígenes de esta fusión de Estados con las grandes corporaciones en los albores de la revolución industrial, cuando navieras y compañías de ferrocarriles se aliaban con los gobiernos.

De hecho hay un economista estudioso del Gobierno corporativo que se llama Randall Morck, que plantea esto muy bien en recientes estudios, y explica que Hitler desde su llegada al poder lo primero que hizo fue eximir a los directivos de las grandes empresas de defender los intereses de los accionistas a través de una ley de 1937.

Así se trataba de la necesidad de que las corporaciones, en cuya cabeza estaban los Estados, se debieran al interés general o si se lo prefiere al bien común, poniendo por delante los intereses de la sociedad a los del individuo.

Pero es evidente donde acaba esto porque si un directivo no responde a los accionistas, a los propietarios de la empresa y ante trabajadores sino ante el sistema político, entonces las empresas no pueden ser eficientes y se multiplican los casos de corrupción de los directivos de empresas, que pactan con los gobernantes la concesión de contratos públicos a cambio de mordidas por parte de estos gobernantes sobre las ganancias de estos contratos.

De esta manera cuando las empresas tienen beneficios en un entorno de libre mercado sin privilegios importantes, esto nos indica que esta empresa o corporación está cumpliendo su labor, es decir que suministra bienes y servicios a una calidad y a un coste adecuado, que es la misión de una empresa, y cuando cumple esta misión gana dinero.

Así debemos diferenciar a los directivos de las empresas multinacionales de las mismas multinacionales para las que trabajan. Es decir que las multinacionales no son malas en sí mismas sino que sus directivos son los que a menudo son corruptos.

Si pasamos por encima de esta premisa de que cuando las empresas ganan dinero es porque suministran bienes y servicios a una calidad y coste adecuados, entonces no hay cálculo económico que es una de las claves del fracaso de todo sistema de planificación estatista.

Aunque lamentablemente sí existe un criterio económico, pero no para el funcionamiento de la empresa sino para en cuanto va a aumentar la cuenta corriente de los directivos.

Además las oligarquías globalistas como el propio Consejo para el Capitalismo Inclusivo dicen que el sistema económico actual ya está superado, ya está a quebrado, que ha caído y que tiene que redefinirse.

Por eso están los bancos centrales, emitiendo dinero sin parar, por eso se están alimentando burbujas una tras otra. Entonces las élites saben que ahora es el momento para pasar a un sistema que prime la libertad o un sistema que prime el control de las grandes corporaciones y el Estado, porque las grandes corporaciones tampoco quieren que haya competencia.

Y a ser posible acabar con los pequeños y medianos competidores que una circunstancia como la epidemia del coronavirus se lo ha puesto verdaderamente en bandeja.

Claro entonces para vestir muñeco, primero hay que crear un profeta y los sitúa al mismo nivel que los padres de los sistemas económicos anteriores y el Foro Económico Mundial ha dicho que Klaus Schwap es el sucesor del economista Milton Friedman y nos indica en un cuadro en la web del Foro Económico Mundial:

capitalismo de Estado, capitalismo de accionistas y capitalismo inclusivo, en el que capitalismo de Estado fue el capitalismo del principio, luego el padre del capitalismo de accionistas fue Milton Friedman y el padre del capitalismo inclusivo es Klaus Schwap que en 1971 crea el Foro de Davos que en su manifiesto dice que era necesario un nuevo modelo económico.

Obviamente poner a la misma altura al economista Milton Friedman y al ingeniero social fundador del Foro Económico Mundial, Klaus Schwap, no es muy acertado porque éste no es en absoluto un economista para empezar.

Así pues Klaus Schwap parece sacar las ideas de un libro del editor estadounidense de la revista The Economist, Mathew Bishop, de manera Klaus Schwap empieza a plantear que los grupos empresariales tienen que estar al mismo nivel que los Estados como promotores de prioridades sociales, y lo más destacable es que realiza una pirueta argumental, sobre todo en relación con la necesidad de que un Gobierno mundial porque en la primera parte del libro admite que un Gobierno planetario perjudicaría a los ciudadanos y considera que no sería factible defender su creación.

Así pues se trata de la idea de no decirle la verdad al pueblo porque si se le dice la verdad en todo no van a querer cambiar a este nuevo modelo y habría una gran oposición, lo cual Klaus Schwap define en su libro como falta de compromiso por parte del pueblo.

De esta manera por mucho que se intente adoctrinar a la gente, es normal que no se traguen toda la teoría

Dice además Klaus Schwap en su libro que las administraciones locales son las que deben tomar las decisiones sobre el día a día de los ciudadanos, pero que hay una serie de materias sobre las que deben tener competencia las entidades supranacionales que impongan criterios mundiales. Entonces dicen que las entidades locales deben poder decidir por sí mismas, excepto cuando sea no sea factible o efectivo para ellos hacerlo.

¿Quién decide qué deben decidir los entes locales y qué deben decidir los entes supranacionales?. Lo deciden los entes supranacionalistas por supuesto y lo deciden a través de una serie de correas de transmisión que van desde los medios de comunicación a las redes sociales pasando por unas instituciones que cada vez están más entregadas

En España por ejemplo si se entra en la web del Banco Santander, todos estos mensajes que estamos planteando aquí son los mismos del Gran Reseteo y los mismos que están en la web del Foro Económico Mundial, ya que el Banco de Santander está absolutamente entregado a la agenda globalista. Entonces ¿en qué materias deben decidir estas oligarquías supranacionales globalistas?. Pues sobre el cambio climático, sobre la pandemia, justicia social, desigualdad, etc. que son básicamente los temas que forman parte de los dogmas de la agenda globalista.

Así este nuevo paradigma parece que va a comenzar con el cambio climático, ya que en Febrero del 2021 ya se publicó el nuevo libro de Bill Gates sobre el cambio climático, transición a un mundo que emita menos dióxido de carbono a la atmósfera.

De este modo Klaus Schwap y el resto de ingenieros sociales consideran que para hacer un cambio de sistema, primero hay que eliminar todas las estructuras de gobernanza que la actualidad protegen a los ciudadanos de ser regulados por estas élites y organismos supranacionales que aspiran a decir lo que es relevante, deseable y cierto de lo que no lo es.

Por eso es tan importante lo ocurrido en las elecciones de Estados Unidos y como se ha silenciado a Trump y a su equipo de abogados que denunciaban que había habido fraude en las elecciones, porque ha mostrado a la gente realmente lo que se está haciendo, lo que lleva mucho tiempo produciéndose. Ahora ya no es que no se pueda hablar de las elecciones de Estados Unidos, es que no se puede hablar de Bill Gates, no se puede hablar del Covid, no se puede hablar de las vacunas siempre y cuando se plantee cualquier duda a la versión oficial, una versión oficial que además va cambiando por minutos.

Entonces si queremos que las comunidades locales pueden tomar decisiones al margen de la dictadura globalista, pero vemos que no hay ninguna materia relevante donde las comunidades locales puedan identificar y definir lo que ven como problemas para sí mismas y que puedan trabajar para resolverlos.

Así pues la dictadura globalista suprime la capacidad de decidir por sí mismos ya no solamente a los individuos sino también a los países, con el objetivo final de convertir a estas naciones en meros protectorados.

Y además como las oligarquías globalistas saben que el Estado tiene una capacidad limitada, entonces efectivamente los Estados deciden tener a las grandes corporaciones de su lado, a las cuales también les llega el dinero de la expansión económica global que emana de los bancos centrales y que reciben los Estados.

Entonces estas multinacionales tomarán sus decisiones dejando de lado la voluntad de los accionistas y trabajando para seguir las directrices de un grupo de iluminados que determinen en cada momento lo que quieren hacer, lo cual es un fascismo tecnocrático.

Y si algún político o empresario se sale de la verdad oficial que impulsan los entes globalistas pues se le echa como ha pasado con Donald Trump de la presidencia de Estados Unidos a través de la gran conspiración y del fraude electoral. Así pues no solamente no deber haber políticos o empresarios disidentes, sino que tampoco que las élites globalistas tampoco quieren que se pueda votar a políticos disidente con la agenda globalista, o que se puedan crear revoluciones en contra de las políticas y medidas globalistas.

De esta manera los entes globalistas crean problemas globales como el aumento de la deuda de los Estados a través de la continua expansión monetaria para luego ellos mismos proponer e imponer las soluciones globales.

De hecho la planificación global de la sociedad siempre acaba en caos, hambre y destrucción, y para que esta planificación global pueda producirse primero es necesario acabar con los viejos paradigmas como dicen los entes globalistas.

Pero posiblemente las oligarquías globalistas también piensen que efectivamente el shock o el caos es lo que permite construir todo de nuevo, ya que han tenido intelectuales como por ejemplo a la escritora Naomi Klein que ha servido a esa labor de intelectual manipuladora con su famosa obra "La doctrina del shock".

En este libro de Naomi Klein hay algunos análisis que reflejan la realidad pero en los que siempre culpa de lo mismo al mercado, cuando no es el mercado el culpable de la situación actual, ya que la continua expansión monetaria y el crecimiento exponencial de los Estados que ha pasado en los últimos no tiene nada que ver con el libre mercado, sino con un mercado intervenido.

Así las élites financieras globales desean que las grandes corporaciones utilicen parte de ese poder de los Estados para tener a sus clientes cautivos, siendo contribuyentes y consumidores simplemente pero no personas que puedan reclamar sus derechos, y esto lo pretenden conseguir con guerras o con pandemias.

6

La nueva pandemia: la ciberpandemia

El Foro Económico Mundial está impulsando a gran velocidad tras la pandemia del Covid-19 el concepto de ciberpandemia, que será posiblemente la nueva amenaza tras la pandemia del Covid-19. Así pues la elevada dependencia de la tecnología que tiene la sociedad actual, hace a las sociedades más vulnerables y los ingenieros sociales de la élite global han encontrado un enemigo perfecto para justificar el control poblacional.

El Foro Económico Mundial basa su estrategia en la búsqueda de amenazas continuas que justifiquen las medidas de ingeniería social que proponen, medidas que llevan ya mucho tiempo de gestación y que concluyen reduciendo las soberanías de las naciones y creando espacios de decisión donde la democracia desaparece en favor del deseo de una oligarquía que impone su agenda supranacional.

Así pues el concepto de ciberpandemia está más de actualidad que nunca a razón de los ciberataques informáticos que han afectado a la misma empresa Microsoft, que ha sufrido un hackeo masivo de sus servidores a principios de Marzo del 2021, que está afectando a sus clientes en todo el mundo, amenazando incluso la seguridad nacional de Estados Unidos principalmente y de casi todos los países del mundo, ya que casi todos los países son clientes de Microsoft.

Este ciberataque ha sido tan alarmante que hasta la Casa Blanca ha tenido que reaccionar y actuar porque según la Agencia de Seguridad Nacional de Estados Unidos el ataque ha estado activo durante más de una semana y se han visto afectados laboratorios de enfermedades infecciosas, empresas jurídicas, universidades, contratistas de defensa, centros analíticos de datos y ONGs.

Pero es que ha habido además otros ciberataques como a la startup de Silicon Valley Verkada Inc., en cuyos servidores tiene los datos de 150.000 cámaras de vigilancia, obteniendo acceso a transmisiones de hospitales, empresas, departamentos de la policía, prisiones, escuelas, etc. Entre las empresas afectadas está Tesla, que es la joya de la corona del hombre más rico del mundo actualmente, Elon Musk, cuya empresa aspira a ser uno de los nuevos ejes de este mundo y normalidad post-covidianos (post Covid-19).

Además estos ciberataques afectaron al proveedor informático Cloudfare.

Esto se suma a otros ciberataques como el que afectó a SolarWinds en Diciembre del año 2020. Siendo SolarWinds proveedor de varias agencias de Estados Unidos y de múltiples BigTech (grandes empresas tecnológicas) como Microsoft, Ford, Mastercard, Nestle, la Universidad de Havard y hasta de 425 de las 500 compañías de la lista de la revista Fortune.

Estos ciberataques han sido publicados incluso por medios de comunicación como el New York Times, que es un medio de comunicación oficial y además que promociona la agenda globalista, pero sin embargo prácticamente las personas no han tenido conciencia de ello.

Precisamente el New York Times es la fuente oficial de acuerdo a la Alianza para verificación de la verdad de las noticias, desde el mismo origen de las mismas hasta su destino, que lidera Bill Gates y de la cual hablaremos en un capítulo de este libro más adelante.

En la segunda semana de marzo del 2021 también se ha producido un incendio en el centro de datos de una empresa que se llama OVH, que es uno de los proveedores de alojamiento web más importante del mundo y que ha tenido secuelas importantes como apagones digitales y problemas en distintos servicios. Dos de estos centros han sido destruidos prácticamente por completo afectando a herramientas de encriptado, casas de intercambio de criptodivisas, que son las famosas exchanges. Así pues mucha gente que compra Bitcoin lo que realmente hace es un cambio en una casa de cambio o exchange con unas claves privadas. Así la clave privada la tiene la misma casa de cambio y así esos Bitcoins pueden ser robados como ya vimos en un capítulo anterior sobre el bitcoin y las monedas digitales. Obviamente a las casas de cambio de criptomoneda no les gusta decir que los Bitcoins pueden ser robados pero existe esa posibilidad. Así pues de hecho la única forma para que no nos roben la clave privada es tenerla apuntada o imprimida en un papel físico, es decir a través de una forma totalmente analógica, lo cual es una paradoja total en un mundo digital.

De hecho el conflicto referente al robo de Bitcoin ha venido porque hay jugadores de videojuegos que han perdido sus partidas las cuales llevaban jugando hace años y que pagaban con bitcoins.

Siguiendo con el tema, esta empresa OVH está dirigida por la familia de los Klaba, tiene sede en Francia y cuyo presidente, Henryk Klaba fue imputado por el juez De la

Mata de la Audiencia Nacional española, y conocido por borrar archivos de clientes de las clínicas Idental en España, cuyo fraude afectó a miles de clientes.

Así pues OVH está financiada por KKR, que es uno de los grandes fondos de inversión que tiene muchos intereses en España y por Tower Group, que es una escisión del fondo de inversión de George Soros, que en Febrero del 2021 firmó un acuerdo con la empresa francesa Capgemini, para ayudar en el alojamiento de datos, y que es la empresa elegida sin concurso en España para llevar el registro de vacunaciones del Covid-19.

De hecho estas consultoras como Accenture, Capgemini, Ernst & Young, Deloitte, PwC, KPMG, etc. son prácticamente las únicas que cobran y siempre están presentes en este tipo de proyectos. Así pues estas consultoras cobran por llevar el registro de las vacunaciones del Covid-19 o por hacer informes de los fondos de rescate, como es el caso del llamado "Next Generation EU", que está siendo realizado por la consultora PrivcewaterhouseCoopers, PwC.

Además los servidores de OVH alojaban una parte de los archivos de Wilkileaks, que son los documentos publicados por Julian Assange, y también tenían parte de la información de Edward Snowden, que es un consultor tecnológico estadounidense, informante, antiguo empleado de la Agencia Central de Inteligencia (CIA) y de la Agencia de Seguridad Nacional (NSA). Así el mismo Snowden indicaba que esta empresa estaba entre los objetivos de la alianza de inteligencia denominada "Five Eyes", que son los famosos 5 Ojos, que está compuesto por Estados Unidos, Reino Unido, Canadá, Australia y Nueva Zelanda.

Además OVH va a salir a bolsa en breve siendo competencia de Google y de Amazon.

De hecho la base de datos del servicio público de empleo estatal español también fue hackeada aparentemente a principios de Marzo del 2021, y requirió la intervención de los servicios de inteligencia españoles, cuyo ciberataque parece haber sido perpetrado por tres grupos rusos usando un virus ransomware (virus informático programado para solicitar un rescate dinerario a cambio de ser eliminado) llamado ryuk. Estos grupos al parecer perpetraron un doble ataque ya que pedían dinero y se quedaron con parte de la documentación, colgándola posteriormente en la dark web para demostrar que habían accedido a ella.

Todos estos ciberataques han ocurrido en cuestión de días y han sido masivamente expuestos en los grandes medios de comunicación, lo cual es extraño porque lo normal es que estos hechos se oculten porque generan miedo y desconfianza en las nuevas tecnologías, y por lo tanto van en contra del mensaje de la agenda globalista que debemos depender más de las nuevas tecnologías.

¿Así pues porque las grandes agencias y medios de comunicación ayudan a generar este estado de alerta y miedo permanente?.

Así lo hacen informando con el número de contagiados y muertos por el Covid-19, informando de la posibilidad de que se produzcan ataques nucleares como recientemente lo hizo la revista británica "The Economist" con la portada de su revista publicada el 30 de Enero del 2020 diciendo: ¿Quién será el siguiente en meterse en la energía nuclear?. También introducen el miedo con la idea de una supuesta emergencia climática, como por ejemplo Bill Gates lo ha hecho con la publicación del libro que comentamos anteriormente, que va en función de los intereses políticos y económicos que se agrupan en torno principalmente al Foro Económico Mundial, cuyo presidente Klaus Schwab lleva años obsesionado con el concepto de Cuarta Revolución Industrial, el cual en Junio del 2020, tres meses después de que se decretara la pandemia del Covid-19, grabó una declaración en vídeo diciendo ésto:

"Todos lo sabemos pero aún no prestamos suficiente atención al terrorífico escenario que se produciría tras un ciberataque integral que provocara el corte de suministro y del transporte energético, afectando a los servicios hospitalarios y a la sociedad en su conjunto. La crisis del Covid-19 será vista entonces como una pequeña perturbación en comparación con un gran ciberataque. Debemos aprovechar la crisis del Covid como una oportunidad temporal para reflexionar sobre las lecciones que la comunidad de la ciberseguridad pueda proporcionarnos para prepararnos para una potencial ciberpandemia. "

Así pues vemos que Klaus Schwab habla de que debemos prepararnos para una ciberpandemia global cuando todavía no hemos acabado con la pandemia del Covid. ¿Es que no ha sido suficiente con la pandemia del Covid?.¿Es que tal vez necesitan ir actualizando las amenazas para mantener la tensión?.

Así pues generando tensión siempre habrá unas personas poderosas y afortunadas que saldrán ganando al respecto. Pero sea como sea es bastante obvio que después de más de un año con la pandemia del Covid sí que hay una estrategia de infundir miedo a la población, como si los magnates del Foro Económico Mundial y los impulsores de la agenda globalista temieran que la población pudiera ir perdiendo el miedo a los contagios y muertos por el Covid-19.

Así efectivamente estamos ante el final de un modelo económico y político y parece que las personas que mantenían el poder están nerviosas y preocupadas por perderlo y quieren mantenerlo a toda costa.

De esta manera el Foro Económico Mundial o conocido como el Foro de Davos lleva tiempo lanzando este tipo de mensajes y el Covid-19 precisamente ha sido un elemento para dar el impulso a este tipo de ideas.

Así pues este vídeo del presidente del Foro Económico Mundial, Klaus Schwab, es uno entre muchos. De la misma manera tenemos otros vídeos del director gerente del Foro Económico Mundial, Jeremy Jurgens, insistiendo en la idea de que estamos a la puerta de otra pandemia y diciendo también que habrá otra crisis más significativa, más rápida y con un impacto mayor que el Covid-19. Entonces es lógico preguntarse si nos están advirtiendo, amenazando, asustando o las tres opciones juntas para que así aceptemos lo que nos están ofreciendo.

Así parece ser que los magnates que impulsan la agenda globalista y en concreto los magnates del Foro Económico Mundial en sus comunicaciones buscan mantener aterrorizada a la población mundial.

Pero la verdad es que siempre va a haber ciberataques y vulnerabilidades informáticas, ya sea que la ciberseguridad sea gestionada a nivel local, nacional o como desearían los magnates de la agenda globalista a nivel supranacional mundial.

Así pues es verdad que con la pandemia del Covid-19 se ha producido una mayor dependencia tecnológica, que precisamente los entes globalistas como el Foro Económico Mundial llevan pidiendo desde hace mucho tiempo, ya que además lo llevan diseñando desde hace tiempo. Así pues se trataría de un plan de cambiar nuestra libertad por una mayor seguridad pero en el que finalmente la población pierde ambas, libertad y seguridad.

De esta manera la ciberpandemia que predice el Foro Económico Mundial sería la fase siguiente del Gran Reseteo. Algunos dicen que es la cuarta fase del Gran Reseteo que cuenta Klaus Schwap en su libro "Covid-19. El gran Reinicio". De esta manera la aceleración de la dependencia tecnológica producida por la limitación en la movilidad por las restricciones impuestas por la pandemia del Covid-19 también ha producido un aumento en los ciberataques, y que también explica Klaus Schwap en el libro mencionado más arriba, lo cual es una versión moderna de la antigua amenaza nuclear o de la amenaza terrorista islámica.

De esta manera es significativo que además de que nos meten miedo también coincide en que nos atacan, es decir, no tiene demasiado sentido todo esto.

Además estos actores supranacionales utilizan la semántica para sembrar el miedo, así pues uno de los artículos que se ha publicado en el Foro Económico Mundial en el mes de Febrero del 2021 está ilustrado con una jeringuilla con el título "Cómo vacunar a tu organización contra una ciberpandemia". ¿Pero qué tiene que ver las vacunas con las ciberpandemias?. Así pues es verdad que muchos de los ataques informáticos se realizan mediante programas que se llaman virus, pero parece que hay una intención clara de seguir regando la semilla del miedo plantada con el Covid-19.

De esta manera se intenta relacionar un virus con un ciberataque informático, como otras veces los impulsores de la agenda globalista relacionan conceptos que en teoría no tienen nada que ver como pandemia con el cambio climático, la conquista del espacio con la perspectiva de género, lo cual refleja que los magnates de esta agenda mezclan dogmas, conceptos y objetivos de la agenda globalista en sus mensajes.

La idea de que hay una intención clara de alimentar la semilla del miedo que empezó con la información constante sobre el número de contagios y muertos del Covid-19 por parte de los miedos de comunicación, se hace realidad cuando comprobamos que existe un programa impulsado por la agenda del Foro Económico Mundial que se denomina Cyber Polygon (Polígono cibernético).

A grandes rasgos es uno de esos juegos de guerra que tanto le gustan a los ingenieros sociales y al complejo militar industrial al que se ha sumado las Big Tech (las grandes compañías tecnológicas). Este programa del Cyber Polygon recuerda al Evento. El evento 201 que está en la página web de la Universidad John Hopkins, porque es quien lo organizó, que es estado profundo "Deep State" en estado puro, junto con la Fundación Bill y Melinda Gates y el propio Foro Económico Mundial.

Toda la información sobre el Evento 201 está disponible en internet, mediante el cual en otoño de 2019 se realizó un juego de guerra o simulación en el que se planteaba la llegada de una pandemia provocada por un coronavirus precisamente.

De hecho solamente dos meses después empezarían a escucharse noticias sobre un nuevo el nuevo virus de Wuhan, el Covid-19, y como había pasado tan poco tiempo desde que se celebró el Evento 201 la Universidad John Hopkins publicó un comunicado diciendo que la coincidencia de la simulación del Evento 201 con la pandemia del Covid-19 fue pura casualidad.

Pero es difícil creer que esta coincidencia fuera casualidad, sino más bien causalidad, y entonces meses después del escenario central de este ejercicio de simulación de una pandemia provocada por un coronavirus, ¿qué pasó?. Pues que el ejercicio teórico se hizo realidad. En el caso del evento Cyber Polygon lo que se simula es un ciberataque global que se propagará más rápido y más lejos que cualquier virus biológico, que es justo lo que está diciendo el Foro Económico Mundial. Entonces se ha planteado un escenario en el que la tasa de reproducción de este ciberataque es diez veces mayor que la del Covid-19.

Esta ciber pandemia afectaría además de los servicios básicos, también a los datos informáticos y suministro eléctrico de los hospitales, y si falta la energía en los hospitales y por ejemplo la gente está con respiradores por el Covid-19 pues entonces se mueren.

De esta manera la ciberpandemia también afectaría a las infraestructuras de seguridad y defensa de las propias personas que en el futuro puedan estar conectadas mediante dispositivos electrónicos, que se le conoce como el internet de los cuerpos, que es un concepto que surge del proyecto de transhumanismo del cual hablo en la primera parte de este libro.

De hecho la primera edición del Cyber Polygon se celebró a mediados del año 2020. Es decir, ya ha habido una edición anterior. Y así precisamente desde que en el 2020 se celebró la primera edición del Cyber Polygon hemos visto incrementarse los ciberataques, aunque afortunadamente no se ha producido un ciberataque global, entre otras cosas porque tal como lo plantean ellos se trata de un escenario que no es real. Es decir, no es creíble.

La próxima edición del Cyber Polygon será el 9 de julio del 2021. En la edición del año 2020 uno de los ponentes más destacados fue Vladimir Vetrov, hijo del espía ruso Vladimir Alexandrovich Vetrov, que durante la Segunda Guerra Mundial acabó de agente doble, y que habló sobre desinformación y fake news (noticias falsas).

Y tal como nos indica el propio Foro Económico Mundial, pues este año las intervenciones se centrarán en el desarrollo seguro de los ecosistemas tecnológicos. Este concepto de "desarrollo seguro de los ecosistemas tecnólogicos" lo vamos a escuchar muy a menudo transmitiendo el mensaje de que muchos de los ecosistemas tecnológicos con la digitalización global se están acelerando aún más y las personas, las empresas y los países cada vez están cada vez más interconectados. Mientras que la seguridad de cada elemento es la clave para garantizar la sostenibilidad de todo el sistema.

Básicamente lo que hacen es pues cada uno muestra sus habilidades para mitigar un ataque dirigido a la cadena de suministro de un ecosistema corporativo en tiempo real y así aumentar la resiliencia.

Este escenario del Cyber Polygon es lo que está sucediendo ahora, es lo que ha pasado con Microsoft y a la empresa de alojamiento web en Europa.

 Cuando uno entra en la web del Foro de Davos, Cyber Polygon tiene su propio espacio dentro de la página web del Foro Económico Mundial y a la derecha del encabezado aparecen los principales socios del proyecto

El primer socio es el Banco de Santander, el Banco de Santander que se mete en estos proyectos globalistas para seguir sobreviviendo.

Precisamente el principal accionista del Banco Santander es el mayor gestor de fondos de inversión del mundo, Black Rock, y además el Banco Santander es uno de los grandes impulsores de la Agenda 2030 en España, impulsando los objetivos de desarrollo Sostenible, con todas las demás ideas globalistas como el cambio climático, igualdad de género.

Otros socios del evento Cyber Polygon son la compañía de tarjetas VISA, la agencia rusa de noticias Tass, el banco ruso Sberbank, que es un banco detrás del cual todo el mundo considera que está el propio gobierno ruso. Por lo que la duda que nos planteamos si este banco ruso es socio de Cyber Polygon para extraer información o con qué otro fin.

Entonces todos están simulando un ciberataque apocalíptico, y parece ser que esta idea del apagón tecnológico como consecuencia de un ataque a los sistemas básicos es un recurso. Es decir es un recurso que muchos supuestos informadores llevan utilizando desde hace mucho tiempo y que estaba incluido también en aquel calendario de acontecimientos que se popularizó dentro del movimiento Quanon (Q). Uno de los estadios del supuesto despertar de la humanidad que esperaban los seguidores de este movimiento era un "blackout" o un apagón masivo, que lo dejaría sin comunicaciones y con problemas de acceso a la energía y a los alimentos.

De esta manera una vez más hay relación argumental entre los movimientos supuestamente disidentes y los arquitectos globalistas. Así pues si los mensajes son los mismos, aunque temporalmente no coincidan debemos preguntarnos si los movimientos globalistas y estos movimientos disidentes no están organizados por personas del mismo bando.

 El concepto de Gran Reseteo no es del Foro Económico Mundial, ya que este concepto surge hace muchos años en ese entorno de movimientos supuestamente disidentes para volver al patrón oro, porque se suponía que el capitalismo estaba herido de muerte, o mejor dicho el sistema monetario está herido de muerte y se ha llevado por delante al capitalismo. Y ahora estamos en esa fase de corporativismo tecnocrático.

Así puede que haya movimientos disidentes que estén remando en la misma dirección que los impulsores visibles de la agenda globalista, y que incluso haya agendas y sub-agendas globalistas.

Pero a día de hoy el problema es que los terminales mediáticos llevan meses informando pública y de manera masiva con artículos, vídeos, reportajes que plantean que este escenario terrorífico puede ser real. Así pues el diario oficialista New Yorker dice que este escenario ya es real, como afirmó en un artículo que está publicado y accesible para todos en internet de Febrero del 2021 titulado "El próximo ciberataque está ya en marcha", en el cual explicaba que hay una fiebre del oro o de las armas digitales y que la infraestructura que nos permite hacer nuestra vida diaria nunca ha sido más vulnerable.

Así pues este mensaje del miedo está siendo respaldado por las propias empresas afectadas. El grupo Edison International, cuya actividad es el suministro energético y que tiene sede en California, ha publicado un artículo firmado por uno de sus máximos directivos, en el que asegura que la red energética de Estados Unidos ha prevenido millones de ciberataques en el año 2020. Dice que están trabajando 24 horas al día y 7 días a la semana, pero lo extraño es que habiendo una pandemia mundial se esté comentando en Estados Unidos los miedos por el suministro eléctrico.

Así que este tipo de mensajes no son casuales porque aunque es evidente que hay que proteger las infraestructuras de ataques de todo tipo y los ataques informáticos cobran cada día más importancia, lo cierto es que todo apunta que se está preparando a la opinión pública para que asuma como normal lo que no lo es. Eso es la nueva normalidad, conocido como el "new normal". Una nueva normalidad en la que lo común es el miedo.

El concepto del miedo global es algo que está ya en informes de departamentos y organismos de defensa desde hace muchos años. Así no es un concepto nuevo ni tampoco es casual que todos hayan empezado a usarlo a la vez, porque al final hay determinadas agencias de noticias que son las que tienen prácticamente el oligopolio del mercado de las comunicaciones, y cuando informan pues utilizan términos que luego son replicados y que se quedan. Luego hay otros términos que a lo mejor serían más útiles, como el de la Gran Reclusión que lo utilizó una vez el Fondo Monetario Internacional y no lo utilizó nunca más.

De esta manera la Gran Reclusión define bien la crisis presente mejor que la crisis del Covid, ya que en realidad se trata de la crisis producida por la reclusión. Una crisis en la que se nos que no podemos salir a la calle, que no podemos abrir nuestros negocios, y entonces los negocios quiebran y no quiebran porque haya una pandemia.

Además para añadir más leña al fuego resulta que uno de los máximos responsables de ciberseguridad de Israel, Yigal Unna, aseguró el pasado año 2020 que Irán ya está realizando ataques a las infraestructuras hídricas del país de Israel y que en mayo de 2020, un mes antes del evento Cyber Polygon del 2020 estuvo a punto de comprometer el suministro de agua de los ciudadanos israelíes. Él habla de que estamos a las puertas de un invierno cibernético. Se trataría del "Winter is coming" cibernético, haciendo referencia al primer episodio de la popular serie Juego de Tronos. Así cuando estos tipos responsables de ciberseguridad plantean este escenario, es posible que ellos mismos vayan a hacer lo mismo, porque este oficial israelí trabaja en la unidad 8200 de la inteligencia de Israel, que es una unidad que tiene un largo historial de espionaje electrónico contra Estados Unidos, mientras que parece ser que la Agencia de Seguridad Nacional de Estados Unidos ha sido responsable de varios ataques devastadores como el virus Stuxnet, que dañó el programa nuclear de Irán precisamente. Es decir que Yigal Unna nos está diciendo que los de Irán les están intentando atacar las infraestructuras pero que Israel va a contraatacar con otras armas. Así pues el problema lo están creando porque están utilizando otras armas, y en concreto un arma que puede dejar a una población sin agua, como en este caso a Irán. Y esta acción militar llevada a cabo por la inteligencia israelí es un caso típico de lo que en ciberseguridad se denomina ataques de día cero. Día cero es un término que se refiere a un problema de tecnología que es desconocido si se está en el día cero porque todavía no se conoce una solución a ese problema. Se puede referir entonces a vulnerabilidades de software del sistema como virus, gusanos, malware (incluye diferentes tipos de software maligno) y a los ataques que explotan esas puertas traseras y sus vulnerabilidades. Uno de esos es el que ha entrado en Microsoft, en la empresa que aspira a crear un censo global para decirnos a todos si estamos vacunados o no, si podemos ir de un país a otro o no, si tenemos derecho a servicios básicos o no. Así Microsoft es uno de los que tienen una puerta trasera importante, ya que no se controlan los ordenadores y red de Microsoft. De esta manera el virus Stuxnet fue uno de los primeros ataques de este tipo en darse a conocer a la opinión pública y explotaba precisamente las vulnerabilidades del sistema informático Windows de Bill Gates., que es precisamente es el único que no habla de ciberpandemia sino de la amenaza climática entre otras, a pesar de que él realmente es un informático y no un físico del clima o un médico para hablar de vacunas.

Y al final este gusano informático Stuxnet fue famoso por qué atacó los equipos digitales e informáticos que controlan la producción del uranio enriquecido, que es el uranio que se usa para fabricar armas nucleares.

Pero lo que sí parece evidente es que el estado profundo israelí puede ser uno de los beneficiados por el Gran Reseteo como cualquier otro estado profundo del mundo. De hecho en Israel ya han vacunado a la mayoría de la población y buena parte de la población está probando ya los sistemas de control que representan los pasaportes Covid, mientras que la industria tecnológica del país está creciendo como la espuma. La propia revista "Times" de Israel planteaba ya en 2019 que las compañías israelíes, muchas de ellas de startups tecnológicas, están preparadas para liderar la cuarta revolución industrial, la cuarta revolución industrial que patrocina Klaus Schwab, que es el título de uno de sus libros.

También es curioso que el propio Joe Biden haya hecho referencia, varias veces a la llegada de un invierno oscuro, conocido como Dark Winter, refiriéndose al impacto de la pandemia del coronavirus. Se habla mucho del Dark Winter en sentido figurado porque vamos hacia una etapa en la que vamos a estar muy mal, debido a la crisis que ha provocado el Covid-19, y Biden plantea que hay que tomar las medidas necesarias para frenar la amenaza con la inestimable colaboración del complejo militar industrial y las Big Tech (grandes empresas tecnológicas) que cada día que pasa son más poderosas y que trabajan juntas en métodos de control, de rastreo y de seguimiento.

Así pues parece evidente que cuando el miedo a los contagios y las muertes por el Covid-19 parece extinguirse quieren meter miedo con otro motivo. Significativamente Google y Apple han presentado ya propuestas tecnológicas al Departamento de Salud Británico de control y de seguimiento para hacer pruebas de medicamentos con humanos, las cuales han sido rechazadas por violar libertades y derechos fundamentales.

Precisamente resulta que Dark Winter (Invierno Oscuro) fue el nombre de una operación similar al evento 201 y al Cyber Polygon, un juego de guerra que se realizó en junio del año 2001 meses antes del atentado contra las Torres Gemelas y que simulaba un ataque de viruela mundial, que también lo organizó la Universidad John Hopkins, que es Deep State (se denominan Deep State o Estado Profundo a la administración que controla el gobierno de un país de forma oculta) puro también.

Entonces hay ocasiones en las que las acciones y movimientos de la élite parecen no tener mucho sentido, pero en este caso el incentivo es evidente para esta campaña de miedo que sería el control social y el asalto a libertades fundamentales. El caso de Australia es un buen ejemplo. Su gobierno en 2018, antes de la llegada de la pandemia del Covid aprobó un paquete legislativo que permite acceder a las comunicaciones de los ciudadanos de forma indiscriminada. Este paquete legislativo fue aprobado por consenso entre los dos grandes partidos principales del país, aunque al principio había uno de los partidos que se puede identificar un poco más con el partido laborista por hablar en términos anglosajones, y que se oponía pero al final firmó hasta tal punto que se faculta al gobierno australiano para obligar a los proveedores locales e internacionales, incluidos los gigantes Facebook, WhatsApp y compañía a eliminar protecciones electrónicas, ocultar operaciones encubiertas de las agencias gubernamentales y ayudar con el acceso a dispositivos o servicios. Y además, las autoridades australianas pueden exigir por ley que todas estas peticiones sean secretas. También se podría hablar a este respecto a la Patriot Act de Estados y muchas leyes en otras naciones.

Y la idea de que nos espíen y controlen totalmente en las "smart cities" o ciudades inteligentes también es una idea de la agenda globalista, ya que dependeríamos de la tecnología con sensores y dispositivos que compone el internet de las cosas (IoT por sus siglas en inglés). Así pues como decía Klaus Schwab en su libro "Covid-19: The Great Reset" por ejemplo con inodoros inteligentes se envían análisis de orina automáticos a los médicos, y si los análisis de orina no son correctos pues pueden venir los médicos a buscarte a casa como podría pasar en cualquier película con un futuro distópico y no está claro que estos médicos te devuelvan a casa.

Esta distopía del futuro recuerda bastante lo que pasó al principio de la pandemia en China, donde se llevaban a la gente arrastrando por la calle si no se ponían la mascarilla, no se querían hacer el test del Covid-19 o daban positivo.

Así pues se sustituye una amenaza por otra, y ahora la amenaza soviética de la Guerra Fría ha sido sustituida por la amenaza China, mientras que antes de la llegada de la pandemia del Covid-19 la amenaza global era el terrorismo islámico.

Todas estas amenazas varían según sea su presencia en los medios de comunicación y en función de quién sea el presidente de la Casa Blanca, y ahora una vez que llega la gran reclusión por el Covid-19 se dispara el uso de tecnología y el nuevo enemigo es el hacker, normalmente siempre ruso o chino. Pero la gente no parece darse cuenta de que todos los gobiernos usan tecnología para cometer fechorías y para defenderse de las que cometen los demás. Y lo que sucede al final es que va aumentando poco a poco el poder de las tecnocracias globalistas que es la amenaza de la que nadie habla porque los medios de comunicación ya se encargan de desviarnos la atención al respecto.

Así la amenaza no es que a Microsoft le hagan o abran un agujero de seguridad o que entren en sus bases de datos físicas y se las roben, sino que el problema real es que hay una tecnocracia que nos diga que para que eso no pase con Microsoft es necesario que le entreguemos todos nuestros datos personales a ellos, y que ellos se encargan de gestionar toda nuestra vida.

Entonces como esta campaña se ejecuta mediante el miedo a un enemigo externo, aprovechando que los ciudadanos han sufrido un lavado de cerebro global, ahora la tecnocracia globalista pisa el acelerador ahora para llevar a cabo su agenda.

Todo ello para avanzar en la creación de un super estado corporativista tecnocrático que es la verdadera amenaza, mientras nos dicen que este estado corporativista global es el que va a ser capaz de solucionar las amenazas globales. Afortunadamente el problema que tienen los ingenieros sociales globalistas es que hay muchos pesos pesados en la mesa y cada uno tiene sus propios intereses al margen de la agenda globalista, lo cual hace que la implementación de esta agenda globalista se retrase

Así en estas reuniones de los entes globalistas como el Foro Económico Mundial, el Consejo para el Capitalismo Inclusivo, el G30, etc. hay muchas personas sentadas en la mesa que quieren su parte de la tajada.

De hecho entre estos amos globalistas no hay un acuerdo total sino que hay unas líneas generales, y luego cada uno se posiciona para ver cómo saca provecho de esta agenda frente a los intereses personales de los demás oligarcas globalistas.

Parte 3. <u>La dictadura de la Big Tech y de la Big Pharma</u>

7

El mundo de Bill Gates: Covid-19, vacunas, microchips y calentamiento global

Bill Gates es un planificador y un ingeniero social y lo que todo el mundo sabe es que ha sido un informático de éxito fundador de la empresa Microsoft, y que es un matemático impresionante que se pasa casi todo el día pensando, mordisqueando un lápiz o sus gafas que es como un pequeño tic que tiene, pero efectivamente parece un hombre perfecto porque es un ingeniero social planificador que se considera que está por encima de los demás y además es multimillonario y uno de los hombres más ricos del mundo. En una famosa charla TED que Bill Gates dio en el año 2015 efectivamente anticipó que el gran riesgo para la humanidad no provendría de ninguna guerra sino de una pandemia. Dijo literalmente que el próximo gran riesgo no serán misiles sino microbios.

Y entonces es lógico preguntarse si Bill Gates es profeta porque adivina o porque participa en la toma de decisiones que hace que luego las cosas sucedan o que sucedan como suceden en nuestros días. Obviamente, la Fundación Bill y Melinda Gates y la Alianza para la vacunación global Gavi, de los cuales la Fundación Bill y Melinda Gates son uno de los principales patrocinadores han tomado posiciones en el sector farmacéutico de forma importante.

De hecho a Bill Gates en Estados Unidos se le preguntan muchas cosas con regularidad, ya sea sobre medicina o sobre cambio climático, es decir sobre cuestiones en las que él en principio no tiene por qué tener una preparación mayor que un doctor, por ejemplo, que esté realizando su labor en algún hospital o un conocimiento mayor que un físico especializado en climatología en el caso del cambio climático.

Así Bill Gates tiene unos conocimientos de medicina que no pasan de ser los de un aficionado voluntarioso. Lo que pasa es que luego el peso que tiene en la Big Pharma (grandes farmacéuticas) es inmenso. Y en el terreno de las vacunas el peso que tiene es absolutamente espectacular.

Por cierto existe el rumor cada vez está más extendido en Washington ya desde hace tiempo que el coronavirus no es algo solamente creado en laboratorio, sino que además está vinculado con la Big Pharma (grandes empresas farmacéuticas). Y hay quien apunta en Estados Unidos que además el virus Covid-19 se ha lanzado para compensar las pérdidas económicas que ha sufrido las Big Pharma (grandes farmacéuticas) desde la presidencia de Barak Obama con la Ley de Cuidados de la Salud Asequibles (The Affordable Care Act) o popularmente conocida como Obama Care, es decir con la ley para ampliar las coberturas sanitarias a más colectivos, sobre todo los más vulnerables como los de rentas más bajas o a las personas de la tercera edad. De esta manera con el virus del Covid-19 tenían vía libre para producir y vender vacunas con las que hacer negocio

Pero en cuanto al tema que nos interesa el Gran Reseteo no se trata de 8, 9 o 10 personas que se reúnen en una habitación y ya está, sino que más bien estamos hablando de muchas habitaciones, de muchas mesas, en las cuales además se discuten en esas mesas para ver quién tiene más poder entre distintas familias y personas de diferentes ideologías, habiendo también familias de sangre que están sentados en esas mesas. Y luego hay una serie de personajes que son más la esfera pública, que también interesa que estén allí.

De este modo con el tema de las vacunas lo que se ha hecho últimamente es intentar demonizar esta vacuna del Covid-19 desde el ámbito de las teorías alternativas o teorías conspirativas para que de esta manera todo el mundo pierda el miedo a ponerse la vacuna, ya que en general cuando escuchamos que una noticia o hecho ha sido tachado o tildado de conspiranoico, ésto suele crear el efecto contrario y las personas suelen perder el miedo que tenían al respecto. De hecho Bill Gates tiene como principal objetivo que todo el mundo se vacune como indicó en una entrevista a principios del 2021 a la CNBC e incluso ha hecho cálculos de cuánto costaría que todos nos vacunáramos. Dice que harían falta algo más de 40 millones de dólares para inmunizar al mundo entero. Por supuesto este dinero lo pide para que se lo demos los contribuyentes.

Entonces lo que planteó Bill Gates a principios del año 2021 es que los primeros 6 meses de este año serían los peores de la pandemia, lo cual es algo que algunos llevamos diciendo desde hace tiempo. Además Bill Gates sabe hasta cuántas personas van a morir en los Estados Unidos hasta el 1 de abril del 2021, que decía que serían 200.000 personas según una cifra de un instituto de métrica. Bill Gates ahora mismo se dedica fundamentalmente a través de la Fundación Bill y Melinda Gates a un instituto de métrica con el que realiza estos análisis sociales que sirven a todo ingeniero o planificador para poder justificar que lo que está haciendo lo hace porque lo dice la ciencia, de la misma manera que se hacían cálculos en su día para meter a las personas en campos de concentración también teóricamente en base a la ciencia.

Además junto a la Alianza para la vacunación Gavi, que es la encargada de vacunar a medio planeta, de fabricar vacunas, en lo cual también tiene un interés personal el propio Bill Gates. Sin embargo Bill Gates tiene un blog que se llama "Gates notes" (Las notas de Gotas) y ya planteaba la primera semana del 2021 que tal vez este año no iba a ser tan malo como el año 2020, que lo peor sería enero, pero que luego todo irá bien porque nos vamos a vacunar todos, por lo que parece que alguien le ha llamado la atención y le ha dicho que dejara de asustar a la gente para que así la gente se pusiera la vacuna.

Pero respecto a las vacunas aunque no deberían ser obligatorias, parece ser que vamos a tener que estar vacunados para acceder incluso a centros comerciales, entrar en tiendas o viajar y de que no nos van a dejar demasiada opción para no vacunarnos.

Obviamente a las personas mayores y de riesgo por tener enfermedades inmunes, cardíacas o graves les puede salir a cuenta vacunarse pero es que la Alianza para la Vacunación global, GAVI, y Bill Gates quieren que se vacune todo el mundo a pesar de la multitud de efectos adversos que están provocando las vacunas del Covid-19 como la de Pfizer o sobre todo la de AstraZeneca, cuya administración se ha parado en varios países. Así pues no estamos hablando de empezar por unos y luego si la cosa va bien seguir por otro grupo de edad, sino que Bill Gates quiere que se vacune todo el planeta sin condición.

Como en el mundo somos casi unos 8.000 millones de personas y luego con algunas vacunas como la de Pfizer hay que ponerse dos dosis, y después cada año habrá que ir vacunándose de nuevo pues se trata de unos beneficios para estas empresas farmacéuticas astronómicos que no pueden dejar pasar.

Esta sería otra forma de extraer los presupuestos públicos de las naciones para el pago de las vacunas, que al igual que con la deuda pública de las naciones, las acabarán pagando las clases medias y bajas con sus impuestos. De hecho los Estados se endeudarán todavía más para comprar estas vacunas que al final pagarán los pobres contribuyentes con sus impuestos, al contrario de lo que nos quieren hacer creer que estas vacunas las pagan las farmacéuticas o los Estados y que salen gratis.

De hecho en muchos países subdesarrollados del mundo, incluyendo a los países latinoamericanos y a España misma en las últimas décadas se ha producido de forma constante el hecho de que las élites de arriba roban a las clases medias descaradamente, pero lo hacen a través del presupuesto y luego reparten migajas por las clases medias y bajas porque hay elecciones cada cuatro años y hay que mantener contenta a las clases medias y bajas para que sigan votando a los políticos que están en el poder.

De este modo la teoría del cambio climático peligroso, conocido como calentamiento global es uno de tantos instrumentos para quedarse con el presupuesto público de los Estados, teorías que son amplia y constantemente publicadas por los medios de comunicación afines a los gobiernos de las naciones.

Por eso hay cuando en todas las cadenas de televisión, en todos los medios de comunicación oficiales y en las redes sociales se transmiten los mismos mensajes, es necesario preguntarse qué está pasando y si nos están informando bien o por el contrario nos están informando conforme a lo que quieren que escuchemos y pensemos.

Efectivamente hay un interés económico para que todo el mundo se vacune al cual se suma a un incentivo importante, y es que si por algo se caracteriza el Gran Reseteo, es que estamos hablando de algo más que el dinero sino de también pastorear al rebaño jugando a ser Dios.

De esta manera los servicios de inteligencia de las empresas de consultoría se están dedicando sobre todo en la etapa del Covid-19 a mezclar verdades con mentiras para desacreditar cualquier crítica al sistema de pensamiento único. Así el mismo Bill Gates ha sido atacado por los más críticos señalando su supuesto objetivo de implantar un chip oculto en las vacunas para controlar a la población mundial, lo cual es falso.

Así pues especialmente desde el principio de la pandemia del Covid-19 se ha incrementado la información pero sobre todo la desinformación, por lo que cada vez más todos nosotros somos responsables de informarnos bien.

De hecho para desinformar y confundir a las personas se mezclan algunos elementos que son ciertos con otros que no lo son, lo cual sirve para desacreditar a los críticos de la agenda globalista y calificarlos como un grupo de paranoicos que salen a la calle a manifestarse al respecto. Este es el arma que utiliza luego el desinformador, ya que no hace falta que nos cierren una cuenta en redes sociales por ejemplo, sino que basta con simplemente ridiculizar a una persona por sus ideas, con llevar al extremo las ideas de los disidentes o mezclar las ideas de la otra persona con mentiras por ejemplo.

Pero básicamente el mensaje de que las vacunas de Bill Gates tienen microchips vienen de una verdad, que es del hecho de que Bill Gates quiere implantar cápsulas en humanos con microchips, pero no a través de las vacunas del Covid-19. De esta manera hay una investigación en marcha con el MIT, Instituto de Massachusetts, que es una institución totalmente globalista, que junto a la Universidad de Rice en Houston, colaboran habitualmente con la Fundación Bill y Melinda Gates en relación con una tecnología que se llama tatuajes de punto cuántico, "Quantum dots", lo cual es una especie de tinta invisible que se administra en la piel cada vez que alguien se ponga una vacuna, que se ha aprobado ya pero que todavía no está en funcionamiento.

Esta tecnología es un nuevo tinte que está hecho de unos pequeños cristales o nano cristales, que se denominan puntos cuánticos a través de una tecnología muy similar a la de la de los leds. De esta manera con un dispositivo móvil mismo se pasa alrededor de la piel y a través de una luz infrarroja la persona es detectada por el teléfono inteligente como pasan cuando marcan a las vacas o como marcaban también a los presos de los campos de concentración, lo cual pretende ser un sustitutivo para las actuales cartillas de vacunación.

Así estos entes y oligarquías supranacionales globalistas dicen que esta tecnología sería de gran provecho pero la verdad es que hay territorios menos desarrollados donde no existen tarjetas de vacunación ni bases de datos digitales. Entonces lo lógico sería que los gobiernos de estos propios países se encargaran de esos registros de vacunación y no organizaciones globales que nadie ha votado. Es una tecnología que podría llevar incorporados prácticamente todos los datos de la vida de una persona. Es decir no solamente el historial médico sino por ejemplo también el historial financiero, proyecto detrás del cual está la multinacional de tarjetas de débito y crédito Mastercard.

El siguiente paso en cuanto a estos tatuajes de puntos cuánticos es el proyecto de Bill Gates también ID2020 que directamente quiere hacer un censo global digital.

Así pues entre los objetivos de la Agenda 2030, las Naciones Unidas incluye como una de las metas proveer identidad legal para todos, incluido el registro de nacimiento a través del programa ID2020, en el cual están los mismos de siempre como la Fundación Rockefeller, Microsoft, la Alianza Global de las Vacunas, Gavi, Mastercard, organizaciones dedicadas al uso de datos biométricos, empresas farmacéuticas y la misma ONU a través de específicamente la "International Computing Center" de las Naciones Unidas. Además el sistema de identificación digital ID2020 ya está en fase de pruebas en Texas, Estados Unidos.

Así la idea es que utilizaremos esta identidad digital tatuada en nuestro cuerpo para acceder a los servicios sociales y de salud, porque el objetivo de la Fundación Rockefeller, de Bill Gates y compañía es primero digitalizar todos los datos e introducirlos dentro de nuestro cuerpo. Aunque en un principio parecía que no sería necesario porque ya las personas van con su dispositivo móvil a todos los lugares, que contiene prácticamente toda su información personal. Estos oligarcas dicen que esta identidad digital es para darles unos servicios sociales, pero en realidad es todo lo contrario, es decir es para tener enmarcada a toda la población que vive en el límite de la subsistencia a través de las ayudas de los Estados. Y también esta tecnocracia globalista dice que serviría esta identidad digital tatuada en nuestros cuerpos para ejecutar derechos políticos, como votar y realizar transacciones económicas, proyecto que se encuentra publicado en la web del Instituto de Massachusetts. Además este proyecto ha sido presentado en 2017 a las Naciones Unidas y en 2019 en el Foro de Davos, es decir en el Foro Económico Mundial

Así pues Bill Gates que es principal financista o financiador de la Organización Mundial de la Salud junto a los más importantes laboratorios mundiales, es al mismo tiempo el encargado o lo va a ser junto a la histórica y poderosa Rockefeller Foundation de sentar las bases para el registro y el control biométrico de la población. Aunque a principios del 2021 salió un vídeo de Anonymous amenazando a Bill Gates con revelar las supuestas verdaderas intenciones del proyecto ID2020 y es lo único de lo que no habla nadie. Pero puede ser que haya otra familia dentro de esta élite que utiliza a Anonymous para atacar a los que pueden criticar a Bill Gates y a sus proyectos, porque este tipo de organizaciones como Anonymous también suelen trabajan para unos determinados fines. Pero lo delicado de este vídeo de Anonymous sobre Bill Gates es cuando le recuerda la relación que tenía Gates con el pedófilo Jeffrey Epstein.

Así Bill Gates tuvo una relación más cercana con Jeffrey Epstein de lo que le gustaría aceptar, volando en el jet privado de Jeffrey Epstein, teniendo reuniones tanto con

Epstein como su círculo cercano en la Fundación Bill y Melinda Gates. Pero cuando se descubre esto, ¿qué hacen los desinformadores?. Filtrar la noticia de que Gates estuvo en la isla, lo cual es falso. Entonces los medios de comunicación publican de que Bill Gates estuvo en la isla de Jeffrey Epstein, lo cual es falso y desacredita toda la información sobre la relación de Bill Gates con Jeffrey Epstein.

En realidad estos mecanismos de desinformación, de descrédito son muy fáciles de organizar, porque una vez lanzados se reproducen de forma viral solos. Así puede haber periodistas serios muy bien informados, pero que si también informan de noticias o hechos falsos porque no han sabido filtrar o investigar bien estas noticias, entonces las personas dejan de tomar en serio a estos periodistas.

Por lo tanto si los periodistas no investigan y confirman las noticias que reciben y las publican directamente, entonces se convierten en desinformadores también de forma involuntaria y se convierten en instrumentos de desinformación.

Siguiendo con la relación de Bill Gates y de Jeffrey Epstein de la cual no se habla en los medios de comunicación, también habría que añadir de que Epstein ha sido facilitador de donaciones de Bill Gates al Instituto Tecnológico de Massachussets, MIT, que mencionamos antes, es decir Jeffrey Epstein hacía de intermediario y tampoco se habla de los vuelos que hacía Bill Gates en el avión Lolita Express, como se conocía el avión de este pedófilo. De hecho, Bill Clinton solía llevarse a las escorts en el propio avión, lo cual dice la documentación que jueces en Estados Unidos han sacado a la luz.

Y por otro lado también tenemos la relación con la pornografía de Bill Gates, que es algo que se intenta tapar. Y es cierto porque el diario The Independent publicó en Julio del 2007 que Gates había comprado la mayoría del grupo PlanetOut, que se dedica fundamentalmente a la pornografía homosexual. Y la inversión se hizo a través de la financiera Cascade Investment, que es también una de las empresas que controla el magnate. Así PlanetOut se presenta a sí misma como la comunidad líder de gays, lesbianas, bisexuales y transexuales, y organiza cruceros para el colectivo LGTBIQ+, etc. No es que el colectivo LGTBIQ+ no tenga derecho a disfrutar de cruceros y de una buena vida, sino que nadie imaginaría que Bill Gates también podría apoyar un grupo que se dedica mayormente a la pornografía homosexual.

Así es que Bill Gates quiera o no poner chips a través de la administración de vacunas para el Covid-19, la verdad es que quiere impulsar el uso de las cápsulas o píldoras anticonceptivas con microchips y los tatuajes de puntos cuánticos. Unos tatuajes que puede que acaben implantándose en la mayoría de naciones y que incluso pueden ser interesantes para la generación millenial, ya que es posible que dependiendo del estado de ánimo que tengamos estos tatuajes se enciendan de un color o de otro, y que incluso estos tatuajes de puntos cuánticos se los acabe poniendo la población de forma voluntaria.

Relacionado con los microchips ya hay una tecnología y proyecto de píldoras anticonceptivas con microships que ha sido publicado por el Instituto Tecnológico de Massachusetts, MIT.

De hecho a Bill Gates ya le viene de familia lo de limitar la población en este planeta, que es una de las obsesiones familiares, ya que su padre se sentó en el consejo directivo de Planned Parenthood, la organización mundial líder en abortos.

Por cierto, en todos los documentales sobre Bill Gates su padre aparece como una segunda figura, mientras que la primera figura era su madre.

De este modo si vamos a la página web de la Fundación Bill y Melinda Gates encontraremos una empresa que se llama Microchips Biotech Inc., y en un apartado de esta página que se titula "Cómo trabajamos", vemos que se trata de una empresa que se dedica a desarrollar píldoras anticonceptivas digitales que se activan por control remoto.

Por tanto Bill Gates como sus empresas asociadas sí que quieren implantar microchips, y de hecho hay muchas patentes y documentos que prueban esto mismo, y en estos documentos y patentes se basan las personas que afirman que nos van a implantan microchips a los humanos.

Así pues aunque haya gente que niegue el hecho de que nos vayan a implantar microchips, el problema será que posiblemente muchas personas lo van a desear, van a pedir que se los pongan o incluso pagar para que se los implanten, como de forma parecida ya está pasando en Suecia, donde ya hay más de 4.000 personas que a Marzo del año 2021 ya se les había implantado un chip entre el dedo pulgar y el dedo índice del tamaño de un grano de arroz con el cual pueden hacer pagos sin necesidad de tarjetas de crédito, que además sería una idea más para evitar contagios del Covid-19 evitando el contacto con tarjetas de crédito o dinero en metálico.

De esta manera estos microchips y tatuajes de puntos cuánticos posiblemente se los pondrá mucha gente de forma voluntaria porque va a facilitar bastante hacer muchas transacciones. Así no será necesario llevar una tarjeta de crédito, llevar el billete de avión encima o el historial médico. Es decir, supuestamente va a facilitar la vida diaria.

Lo que también podría suceder consecuente a la implantación de microchips en los seres humanos es que en un momento determinado se cree una industria de robo de microchips. Es decir, si sabemos que alguien lleva un microchip, lo asaltamos, le quitamos el microchip y así nos llevamos su dinero y todos sus datos, que será parecido o incluso peor a cuando hoy en día nos roban el teléfono móvil con todos nuestros datos.

Pero como hemos mencionado anteriormente la gran obsesión de Bill Gates es la superpoblación, que es la antigua y superada idea malthusiana de que la población crece mucho más que los recursos, mientras que hay otros magnates como Elon Musk o Jack Ma, el cofundador y presidente del grupo Alibaba, que creen que va a haber un colapso de la población dentro de los próximos 20 años. Ellos hablan de un colapso acelerado, incluso incluyendo los datos de nacimientos en países subdesarrollados que tienen unas tasas más altas de natalidad. Pero la obsesión de Gates es la superpoblación, aunque ahora lo esconde un poco más, ya que no es lo mismo decir que quieren reducir la población del planeta cuando hay una pandemia global que cuando no hay nada. Pero eso sí Bill Gates no es el único que piensa que la superpoblación mundial es uno los de los más grandes problemas de la humanidad.

De esta manera el uso de microchips en humanos también forma parte del transhumanismo, es decir que el ser humano se pueda fusionar con la tecnología para evolucionar a un estadio superior, pero evolucionando siempre desde el propio hombre. Así este proyecto del transhumanismo también forma parte de la agenda globalista como vimos en la primera parte de este libro, y no solamente el ser humano debe estar conectado con los dispositivos electrónicos de su alrededor formando parte del internet de las cosas y transmitiendo en todo momento sus datos de salud, de ubicación, etc. sino que hay que reducir la población, lo cual las oligarquías globalistas llevan décadas estudiando cómo hacerlo.

Sin embargo la tesis de que por el contrario lo que se va a producir es un colapso de la población, ya que cada vez hay más población de la tercera edad en el mundo y menos nuevos nacimientos proporcionalmente para que puedan sostener con su trabajo y actividad los gastos y necesidades de la tercera edad, no solamente no es disparatado sino que en algunos casos es evidente. Por ejemplo, China hace años que se dio cuenta de que necesita varios centenares de millones de nacimientos más de los que tiene porque no puede mantenerse con el crecimiento de la población actual. Y de hecho, la flexibilidad enorme con la ley del único hijo que había en China se debe fundamentalmente al temor de no tener el crecimiento demográfico que necesitan para llegar a una posición hegemónica en el mundo. Entonces es verdad que a lo mejor en un Shanghái, en un Beijing en un Nanjing o en una de las principales ciudades chinas no vamos a encontrar familias que tengan más de un niño, pero si vamos al campo a ciudades que son inmensas comparado con las ciudades occidentales, ciudades relativamente modestas y de segunda y tercera fila en China, encontramos familias que por supuesto tienen más de un hijo y hay una enorme flexibilidad de las autoridades al respecto, porque ellos son conscientes de que van a necesitar centenares de millones de chinos más para seguir adelante.

Además si pensamos en el caso de muchas naciones europeas como España demográficamente es inviable que puedan prosperar económicamente en un futuro a largo plazo y son países que podrían desaparecer porque se han suicidado demográficamente. Y si pensamos que estas naciones van a poder mantener todo ese entramado y todos los gastos de un creciente Estado con los inmigrantes que vienen de África realmente se equivoca. De esta manera no es ningún disparate decir que va a haber serios problemas demográficos en distintas naciones del mundo y no van a ser en una o dos naciones sino en bastantes más. Lo que pasa es que estos magnates globalistas como Bill Gates que están obsesionados con la reducción de la población mundial y con el hecho de que deben de desaparecer miles de millones de personas del mundo no lo quieren aceptar.

Es más las oligarquías globalistas desean que miles de millones de personas desaparezcan pero que sean de las clases sociales pobres y que no sean ellos por supuesto.

Entonces nos podemos preguntar como un matemático como Bill Gates que es una persona super inteligente y que lee varios libros a la semana está defendiendo la tesis de la superpoblación y de la necesidad de reducirla en miles de millones de personas. Pero si analizamos un poco como nace la Fundación Gates y como según el propio Bill Gates admite, lo hizo enfocada en la salud reproductiva, que es un eufemismo para decir aborto o matar bebés en el vientre de sus madres, que es básicamente de lo que trata la salud reproductiva y a lo que se dedicaba su padre, es decir a evitar embarazos y financiar abortos estando en el consejo de la organización Planned Parenthood (Planificación familiar) que se dedican principalmente al negocio del aborto. Sin embargo poco después el trabajo de la Fundación Bill y Melinda Gates mutó al darse cuenta de que para evitar el crecimiento de la población de los países pobres lo que debía hacer era mejorar la salud de las personas, ya que se tienen muchos hijos en los países pobres no solamente por cuestiones religiosas pero fundamentalmente para garantizar la supervivencia del clan familiar. Es decir, si se van a morir muchos hijos por las condiciones de vida en un país pobre es necesario tener muchos hijos para que además puedan mantener a los padres cuando sean viejos, porque además en estos países no hay ningún tipo de estado de bienestar ni pensiones.

Entonces la Fundación Gates decidieron de que además de que haya abortos y de entregar píldoras anticonceptivas, iban a vacunar a toda la población. Esta es la razón por la que Bill Gates entra en el mundo de las vacunas, y sabemos que las vacunas tienen en muchos casos efectos adversos, y que en no pocos casos esterilizan a las personas por lo que son un arma más para la reducción o contención del crecimiento de la población mundial.

Y esta esterilización de la población a través de las vacunas no solamente ha pasado en África sino que también ha pasado en Hispanoamérica. Por lo que parece bastante evidente de que este riesgo de esterilización de la población a través de las vacunas no sólo era un riesgo asumido sino deseado por los que están a favor de la reducción de la población mundial.

Así hay que tener en cuenta que estos magnates supranacionales como Bill Gates nos ven a todos como piezas de un tablero de ajedrez, así que siempre que alguien nos diga que va a hacer algo por nuestro bien es preferible no dejarle. De esta manera al final lo que tenemos es a Bill y Melinda Gates enfocando sus esfuerzos y dinero en la vacunación masiva de la población a través de su Fundación, que precisamente es la primera fundación del mundo en capital y que trabaja en las áreas de las vacunaciones masivas, aborto, anticonceptivos y el desarrollo de vacunas, por supuesto con el apoyo de la ONU. Es muy curioso porque Melinda Gates dice que es católica y creyente de los anticonceptivos, lo cual es contradictorio, como el actual presidente de los Estados Unidos, Joe Biden, también es católico y creyente en el aborto, en el matrimonio homosexual y en lo que sea necesario.

Con la gran la importancia que tienen estas actividades llevadas a cabo por alguien como Bill Gates al que nadie ha votado, y el cual dirige esfuerzos millonarios para dirigir y controlar los destinos de millones de personas, no es de extrañar que muchos duden de sus intenciones a la hora de pedir que todo el mundo se vacune del Covid-19. Además en muchos casos los riesgos asociados a la vacuna pueden ser mayores que los beneficios. Entonces, ¿por qué debemos vacunarnos todos?.

Además es información pública que las propias farmacéuticas que han fabricado las vacunas del Covid-19 indican en la documentación presentada a los gobiernos y que es de consulta pública también, que no conocen los efectos que pueden tener las vacunas sobre la fertilidad. De hecho las propias farmacéuticas recomiendan no administrar estas vacunas a mujeres embarazadas porque no han sido probadas todavía con ellas, pero sin embargo los gobiernos de las naciones deciden de toda manera administrarles las vacunas igualmente a estas mujeres embarazadas. ¿Entonces quién será el responsable de lo que suceda con estas vacunas después, sobre todo si los gobiernos obligan a ello tal vez no mediante una ley pero sí prohibiendo viajar si no se está vacunado y si no se tiene un pasaporte Covid que pruebe que uno está al día de las vacunas del Covid-19. Incluso se prohibirá entrar a un supermercado o llevar a los niños al colegio si no estamos vacunados, como ya está empezando a pasar en Israel donde para entrar en algunos centros comerciales ya han solicitado prueba de que las personas estén vacunadas.

Y no se trata de ser antivacunas total porque muchas vacunas han erradicado enfermedades en el pasado como la viruela, pero son vacunas que tardan entre cinco o diez años en desarrollarse, probarse y lanzarse al mercado. De esta manera si la vacuna efectivamente es una vacuna garantizada, han pasado sus años de pruebas, se sabe que no tiene efectos secundarios, etc. entonces en estos casos las vacunas son positivas.

Por otro lado respecto a la teoría globalista del calentamiento global en febrero del 2021 se publicó el último libro de Bill Gates que se titula "Cómo evitar un desastre climático. Los avances que ya tenemos y los avances que aún necesitamos" que habla de las fuentes de energía que se utilizan en el planeta actualmente y sobre cómo poder hacer la transición hacia un mundo que apenas emita dióxido de carbono a la atmósfera utilizando fuentes de energía "limpias", lo que llama emisiones cero, admitiendo que se trata de una tarea gigantesca y difícil de colaboración entre todas las naciones.

Pero la realidad es que todos nos calentamos gracias a quemar gas, a quemar carbón y a la energía nuclear, energía nuclear que al menos Bill Gates no condena, ya que sí es cierto que la energía nuclear apenas emite dióxido de carbono a la atmósfera aunque se ha demonizado por los accidentes en las centrales nucleares del 26 de Abril del 1986 en la central de Chernobyl, Ucrania o la más reciente fuga de la central nuclear de Fukushima, Japón en mayo del 2011, y si no fuera por estas fuentes de energía ahora mismo tendríamos cortes de luz en muchas naciones.

Así y desde hace mucho tiempo Bill Gates está metido en la mentira del calentamiento global en teoría producido por los gases de efecto invernadero como el archi condenado dióxido de carbono, teoría sobre la cual ya hablé en la primera parte de este libro explicando que desde un punto de vista científico no está demostrada que sea cierta, sino que la evidencia científica objetiva demuestra que el dióxido de carbono lejos de producir ningún desastre climático hace que crezca más vegetación en el planeta, vegetación que a su vez absorbe el dióxido de carbono de la atmósfera que necesita para crecer.

De esta manera Bill Gates en su libro "Cómo evitar un desastre climático" sugiere algunos pasos concretos que personas, gobiernos y empresas deben adoptar para lograr en el 2050 las cero emisiones, pero con un objetivo a medio plazo de reducir las emisiones considerablemente para el 2030, lo cual ya plantea la agenda 2030 del Foro Económico Mundial de Klaus Schwap. Básicamente Bill Gates nos explica cómo tenemos que vivir los demás porque es el más listo de todos, es bueno y quiere ayudarnos porque los demás no nos enteramos. Entonces el problema aquí no es que alguien escriba un libro exponiendo que es necesario hacer la transición energética para en teoría salvar el planeta de un desastre climático sino que muchas personas toman lo que dice Bill Gates como referencia, siendo tanto Bill Gates como los magnates de la agenda globalista no demócratas sino totalitarios que nadie ha elegido en elecciones para que impongan la manera en la que tenemos que hacer las cosas y la manera en la que tenemos que vivir, y que para conseguir sus objetivos piensan que hay que mantener a la población más o menos engañada.

Además Bill Gates ha estado trabajando en Suecia en el proyecto Scopex (Experimento de Perturbación Controlada Estratosférica, por sus siglas en inglés) y llevado a cabo por científicos de la Universidad de Harvard para tapar el sol lanzando desde globos aeroestáticos toneladas de carbonato de calcio no tóxico para que la atmosfera refleje la luz de sol y así conseguir enfriar el planeta. Afortunadamente las autoridades del país sueco han denegado la autorización de este proyecto la primera semana de abril del 2021 porque la comunidad científica esta dividida respecto a la necesidad y efectos adversos de la geoingeniería solar.

Recuerda incluso un episodio de Los Simpson que parece haber predicho como otras veces lo que pasaría en el futuro en este caso con el proyecto Scopex de Bill Gates. En este episodio de los Simpson también intentan tapar el sol directamente para frenar el cambio climático.

Según los propios ambientalistas el proyecto Scopex es una barbaridad pero de todas maneras es un proyecto oficial que puede encontrarse en publicaciones de la agencia de noticias Reuters por ejemplo. Así pues parece otra vez que algunos humanos y en este caso Bill Gates se han creído dioses y la verdad es que nos ha ido ya muy mal creyéndonos dioses, como pasó al principio en el que el diablo tentó y engañó a la primera pareja de humanos, Adán y Eva, que aparecen en el relato del primer libro de la biblia, Génesis, en el capítulo 3 concretamente diciéndoles que si comían del fruto del árbol de la vida del cual Dios les prohibió que comieran serían como dioses sabiendo el bien y el mal. A continuación Eva y Adán comieron de este fruto y conocieron el bien y el mal pero no fueron como dioses, sino que se convirtieron en humanos caídos por el pecado.

Además Bill Gates tiene también intereses en la industria agroalimentaria, por lo que se ha puesto a comprar terrenos en Estados Unidos siendo a día de hoy el principal latifundista de terrenos en Estados Unidos, y también ha comprado bancos de semillas transgénicos desde hace mucho tiempo, es decir, modificadas genéticamente, semillas que fabrican la empresa Monsanto junto con la multinacional farmacéutica Bayer. Entonces al final se va a afectar a los rendimientos de los cultivos de estas zonas ya que estas semillas transgénicas solamente pueden utilizarse una vez y no permiten que nazca una segunda generación de plantas, cultivos o árboles frutales. Esto sí que modifica las condiciones de vida del ser humano, sin duda.

Pero de hecho el proyecto para soltar carbonato de calcio a la atmósfera para enfriar la atmósfera o cualquier otro proyecto de los que Bill Gates apoya, siempre lo hace con el propósito de en teoría evitar un mal mayor, pero ¿se ha planteado Bill Gates realmente los posibles efectos adversos desconocidos que puedan producirse si lanza carbonato de calcio en la atmósfera?.

Por estas razones hay dudas sobre las intenciones de Bill Gates, dudas que no aparecen en los grandes medios de comunicación. La famosa revista médica "The Lancet" se ha hecho muy famosa en los últimos meses, pero hace diez años hizo un análisis de la Fundación de Bill y Melinda Gates, en el cual hicieron una crítica de esta Fundación en la que la dejaban muy mal, acusándola de falta de transparencia, de gastarse el dinero en proyectos que luego no tenían el resultado que se planteaba al principio, y afirmaba que se estaba utilizando la Fundación como una especie de lavadora de dinero. Y básicamente lo que decía la revista "The Lancet" es que prácticamente todos los contribuyentes clave de la salud global, ya sean gobiernos, empresas farmacéuticas, empresas sanitarias y empresas de seguros tienen relación de alguna u otra forma con la Fundación Gates, ya sea a través de algún tipo de acuerdo de financiación o a través de terceras empresas pantalla. Entonces todos estos contribuyentes de la Fundación Gates son también sus clientes, e incluso a la Organización Mundial de la Salud dona mucho dinero, pero que luego recupera. De hecho en general todas las fundaciones donan dinero que luego recuperan. Así por ejemplo la Fundación de Soros ha financiado parte del movimiento independentista en Cataluña pero en un momento determinado las fundaciones de Soros recibían dinero del presupuesto catalán también.

De hecho estas fundaciones ponen dinero para estas causas pero luego lo recuperan multiplicado para lo cual sólo hay que seguir la pista del dinero.

Pero uno de los mayores problemas es que al final las decisiones que toma alguien como Bill Gates en un despacho acaban siendo filtradas a la sociedad en distintos estratos y a través de distintos mecanismos en los cuales los gobiernos participan activamente. Por eso habría que examinar por donde anda Bill Gates psicológicamente hablando, ya que tiene mucha influencia. Así sabemos que una de las obras que Bill Gates recomienda es el libro que se titula "Homo Deus. Breve historia del mañana." del autor israelí Yuval Noah Harari, y Gates también confiesa haber leído "Sapiens. De animales a dioses" del mismo autor.

De hecho el libro de "Sapiens. De animales a dioses" es una novela aunque el autor indique que se trata de una breve historia de la humanidad y haya gente que se lo ha tomado como un ensayo histórico serio. Así pues la película "2001: Una odisea del espacio" es en muchos aspectos más seria a nivel intelectual que este libro.

También "Sapiens. De animales a dioses"" es uno de los libros de referencia de Mark Zuckerberg, fundador de Facebook, y de Barack Obama. Mientras que en su libro "Homo Deus. Una breve historia del mañana" se califica a la muerte como el último obstáculo de progreso y a la inmortalidad como el proyecto interminable de la humanidad al que hay que aspirar, por lo que volvemos a caer en el error de la primera pareja de seres humanos de la historia, a los cuales les dijo Satanás que si comían del fruto del árbol del bien y del mal del cual les dijo Dios que no comieran, no solamente no morirían sino que serían como Dios sabiendo el bien el mal. Es decir la aspiración a la inmortalidad es algo a lo que ya ha aspirado el ser humano y que le separó de Dios, pero a día de hoy seguimos cayendo en la misma trampa como si el diablo estuviera repitiendo esta misma mentira a Bill Gates y a la élite globalista mientras toman el desayuno cada mañana. A día de hoy esta misma aspiración a ser dioses y a la inmortalidad se repite especialmente con el movimiento del transhumanismo que aspira a la evolución del hombre a través de la fusión con la tecnología.

De esta manera en el libro "Homo Deus. Una breve historia del mañana" aparece una huella digital dibujada con circuitos electrónicos, recordando mucho a los grafismos del proyecto ID2020. De la misma manera Raymond Kurzweil, que es director de ingeniería de Google, ya decía en los años 2000-2001 junto a sus amigos de las empresas tecnológicas que los que nos neguemos a dar este paso evolutivo seremos los chimpancés del futuro.

Este mismo Bill Gates en una entrevista en la revista Rolling Stone con fecha de 13 de marzo del 2014 cuando le preguntaron si creía en Dios contestó que "tiene sentido creer en Dios, pero qué decisiones tomamos de manera diferente por ello, no sé." Pero precisamente si se cree en Dios, y se cree que ve lo que decimos, hacemos y cómo nos comportamos con los demás, y creemos que Dios ama a los seres humanos, entonces tomamos casi todas las decisiones de manera diferente para amar a Dios y a los demás como Dios quiere que lo hagamos.

En este sentido George Soros, que es otro impulsor visible desde hace décadas de la agenda globalista dice que a veces se siente Dios, lo cual es la típica impronta diabólica que tienen todos estos personajes, no porque celebren misas negras, que no estoy seguro si las celebran o no las celebran y es prácticamente secundario, sino porque la cosmovisión que tienen es diabólica, es decir la idea de "seréis como dioses y no conoceréis la muerte," y así otra vez se han tragado la mentira del diablo como les pasó a Adán y Eva.

Y todos estos son los que se aglutinan en torno al ideal del Great Reset, cuya punta de lanza es el famoso Foro de Davos que este año 2021 se reúne en Singapur. Por supuesto Bill Gates es uno de los miembros destacados del Foro Económico Mundial (Foro de Davos) como se puede ver en su propia web. El Foro Económico Mundial patrocina el Great Reset que aspira a ejecutar la agenda globalista aprovechando la llegada del Covid-19, como expresa su presidente Klaus Schwab en su libro Covid-19: El Gran Reseteo. De esta manera el objetivo es utilizar la tecnología para acabar con lo poco que queda del capitalismo y mediante ingeniería social crear un nuevo socialismo, por lo que parece que los ciudadanos solo van a aspirar a poder servir a los políticos y a los empresarios que compartan con ellos mesa, mantel e incluso cama.

Así pues la agenda globalista trabaja con una dinámica hegeliana de acción-reacción-solución. Es decir estas élites globalistas crean un problema, entonces la sociedad atemorizada pide medidas para solucionar el problema y finalmente quien creó el problema se presenta como héroe con la solución al problema. Sin embargo estos supuesto héroes en contra de lo que nos dicen sus propagandistas no tienen moral, no tienen principios y sobre todo consideran enemigos al resto de seres humanos, o peor aún cobayas con los que puedan experimentar a su antojo. Por eso hay que estar vigilantes y hay que analizar todo lo que está ocurriendo para que podamos informar también a los que tengamos alrededor. Tampoco hemos de olvidar de investigar y de ir a las fuentes originales para contrastar la veracidad de las noticias y de los hechos.

Así tenemos a personas como Bill Gates el cual va con una bolsa llena de libros a cualquier sitio y su secretaria en función de lo quiera leer le pone una clase de libros u otros en la bolsa. Es decir, se trata de una persona muy inteligente y es una máquina de leer. Pero aparte de Gates tenemos al resto de la élite globalista que está pensando en cómo organizar nuestras vidas, lo cual no es una teoría de la conspiración sino un hecho.

Por lo tanto despertemos y vayamos un poco más allá de las web de referencia, donde nos cuentan todo muy bien ordenado, donde las conspiraciones tienen su principio y su final, donde todo tiene sentido y donde todo cuadra, porque seguro que en algún momento o con algún elemento nos están mintiendo.

8

Pasaporte Covid y la Big Pharma: el negocio del miedo en la nueva normalidad

De hecho ya estamos en un presente distópico parecido a los futuros distópicos de las películas futuristas en las que ha habido algún desastre natural, nuclear, virológico o alguna gran guerra que ha destrozado la mayor parte del planeta y ha eliminado a parte de la humanidad. De esta manera los gobiernos de todo el planeta lo califican como la nueva normalidad y que incluye determinados criterios a la hora de informar, porque si se informa de manera independiente no siguiendo el discurso oficial "mainstream" se es expulsado de las redes sociales, es decir, nos cierran el canal de YouTube o nos eliminan la publicación en Facebook o Twitter por ejemplo.

Así es realmente curioso por no decir inquietante como desde la izquierda tradicionalmente se ha atacado a los grandes laboratorios farmacéuticos, incluso desde medios oficialistas del pensamiento mainstream y ahora casualmente pues se defiende a estos laboratorios farmacéuticos desde todos los medios de comunicación oficiales y no se puede poner en duda su actuación ni buena fe porque si no eres censurado en las redes sociales.

El problema de las farmacéuticas no es que ganen mucho dinero sino que ganan dinero de forma ilícita, y así el motivo fundamental que se ha empleado desde siempre para criticar a la industria farmacéutica es que ganaban mucho dinero de forma ilícita, con prácticas poco éticas como la experimentación de los medicamentos y vacunas con personas de países subdesarrollados por ejemplo.

Porque de hecho si las empresas multinacionales ganan mucho dinero de forma ética y legal simplemente significa que están facilitando un producto o servicio demandado y necesitado por la sociedad, con unos resultados y calidad adecuados y a un precio justo. Y de hecho muchas enfermedades como el polio, la rubeola, el sarampión, etc. se han erradicado prácticamente gracias a las vacunas.

Así como se ha dicho el problema es cuando las farmacéuticas ganan dinero gracias a los privilegios, a la impunidad que les otorgan los políticos en representación de los

Estados permitiéndoles ganar sumas desorbitantes de dinero mediante el engaño, la coacción, el fraude o en algunos casos incluso mediante el homicidio.

Todo esto se podía criticar y denunciar antes de la llegada del Covid-19 pero ya no se puede hacer ahora sin sufrir el riesgo de ser censurado.

De esta manera y es información oficial, los delitos de las farmacéuticas antes de la llegada del Covid-19 eran bastante conocidos porque se hablaba de ellos en los medios de comunicación y como sabemos muchos de ellos eran delitos graves.

A día de hoy las multinacionales farmacéuticas que han desarrollado vacunas para el Covid-19 como Pfizer, AstraZeneca, Abbott, Merck, Johnson & Johnson, GlaxoSmithKline, etc. que forman el conglomerado de la Big Pharma son a las que el ex presidente de Estados Unidos, Donald Trump, ha acusado de formar parte del estado profundo (Deep State en el original inglés), sobre todo después de que Pfizer fuera la primera farmacéutica en desarrollar la vacuna en Occidente y lograra encontrar la fórmula mágica justo después de las elecciones presidenciales en Estados Unidos del 3 de Noviembre del 2020.

Así pues el pasado 13 de Noviembre del 2020 tres investigadores Denis Arnold, Oscar Jerome Stewart y Tammy Beck publicaron un reportaje en la revista médica estadounidense JAMA, recopilando todas las sanciones impuestas a las grandes farmacéuticas entre el 2003 y el 2016 en Estados Unidos, en el cual aparecen cometidos todos los siguientes delitos: manipulación de precios, conflictos de intereses, usos clínicos no aprobados, facilitamiento de comisiones ilícitas y sobornos, etc.

En cuanto a los usos clínicos no aprobados significa experimentar sin tener autorización para experimentar como hacía Josef Mengele, que fue un oficial alemán de las SS que hacía experimentos con las personas en campos de concentración como el de Auschwitz.

Además cuando esas farmacéuticas firman contratos con algún estado que no tiene firmado los protocolos de Derechos Humanos, a menudo en ese estado se dedican a hacer los experimentos como por ejemplo en algún hospital infantil. Así efectivamente se firma ese contrato porque ese estado no tiene firmado ni un solo protocolo de Derechos Humanos, y de este modo no tiene por qué preocuparse ni de la protección de la infancia ni de la libertad de expresión, ni de librar a la gente de convertirse en cobayas. De esta manera ese estado se embolsa unas cantidades generosas procedentes de las Big Pharma y se dedica a hacer experimentos con criaturas en un hospital infantil

Y efectivamente eso les rinde enormes beneficios a empresas farmacéuticas y además los padres de los pobres niños están convencidos de que a sus hijos a lo mejor los curan del mal que sufren.

A veces también se hacen experimentos y pruebas con medicamentos y vacunas con gente de la oposición del gobierno dictatorial de turno, lo cual también se hace en las propias cárceles, e incluso se utilizan etiquetados de medicamentos engañosos y se reciben comisiones ilegales.

En cuanto a África en agosto del 2001 el gobierno de Nigeria llevó a juicio ante un tribunal de Nueva York a la empresa farmacéutica Pfizer, que es la primera farmacéutica occidental que sacó la vacuna para el Covid-19, para que se la condenara por la muerte de 11 niños en ensayos clínicos con el test de Trovan, que era un antibiótico destinado a combatir la meningitis.

Hubo acción judicial y fueron condenados porque 30 familias de Nigeria iniciaron juicio ante un Tribunal de Nueva York pidiendo que se condenara al laboratorio. Aunque al final la farmacéutica Pfizer negoció con el gobierno de Nigeria porque si no la empresa farmacéutica hubiera incurrido en mayores sanciones.

Así que al final Pfizer acabó pagando al gobierno de Nigeria y todo se olvidó, pero es que varios años después en 2005 se suspendieron también en Nigeria las pruebas clínicas de otros medicamentos como el Tenofovir, que también es un antiviral utilizado contra el sida. Aquí ya estaban metidos la organización Family Health (Salud Familiar) por cuenta del laboratorio estadounidense Gilead Sciences, financiadas por el Gobierno de Estados Unidos y por supuesto por la fundación Bill y Melinda Gates. Así que cuando veamos algún tipo de intervención sanitaria en el tercer mundo están detrás Bill y Melinda Gates.

Las pruebas fueron suspendidas en Camerún también en febrero de 2005, en Camboya en 2004, pero en Tailanda, Bostwana, en Malawi y y en Ghana se siguieron haciendo pruebas. De este modo en muchos países africanos y en otros fuera del continente pero en vías de desarrollo han servido y sirven para utilizar cobayas humanas, lo cual recuerda a la novela de John Le Carré, "El jardinero fiel" que aborda exactamente este tema y precisamente cuya trama se produce también en Nigeria.

Entonces cuando dos científicos franceses dijeron en abril del 2020, muy pocas semanas después de haberse declarado la pandemia del Covid-19, que había que probar las vacunas del Covid-19 en África, nadie se sorprendió al principio de ello.

Lo que pasa es que ahora en la sociedad tecnológica en la que estamos estas declaraciones se hicieron virales en las redes sociales y no se pudo hacer oídos sordos a los ensayos clínicos que se vienen haciendo en países africanos y subdesarrollados desde hace décadas.

En el canal de televisión francés LCI los científicos que hicieron estas declaraciones fueron director de investigación del Instituto francés de investigación médica Camille Locht y Jean-Paul Mira, jefe de los servicios de Medicina intensiva de rehabilitación del hospital Cochin de París.

Y sobre este tipo de ensayos clínicos en África y en países subdesarrollados de otros continentes hay mucha literatura escrita al respecto, y que las multinacionales farmacéuticas controlan la Organización Mundial de la salud lo sabe la mayoría de las personas.

Es que muchos investigadores de medios de comunicación generalistas que son los promotores del pensamiento único han denunciado que las farmacéuticas y la Organización Mundial de la Salud toman decisiones basadas casi exclusivamente en la búsqueda de beneficios, aunque sí es verdad que estos medios de comunicación nunca han hablado mucho a pesar de que la Fundación Bill y Melinda Gates es el primer financiador privado de la OMS.

Por ejemplo en el caso de la gripe A, que es el famoso virus H1N1, que se conoció como la gripe porcina primero, también se hicieron ricos con esta vacuna empresas e inversores como Al Gore, ex vicepresidente de los Estados Unidos bajo el mandato de Bill Clinton que participó en la promoción del miedo para que se pudieran vender las vacunas.

De esta manera la Organización Mundial de la salud cambió el criterio para decretar lo que era o no una pandemia en mayo del 2019 dejando la mortalidad en un segundo plano y basándose en la cifra de contagiados, y por tanto también cambiaron el criterio para poder decretar pandemia a la gripe A, para que todos los gobiernos se pusieran a comprar antivirales y vacunas de forma masiva, vacunas que en su mayoría acabaron en los vertederos tiradas a la basura.

De hecho hay un informe del British Medical Journal, una de las revistas médicas de referencia, que dice que la Organización Mundial de la Salud ocultó los vínculos financieros entre sus experto y las empresas farmacéuticas Roche y Glaxo que son los fabricantes del famoso antiviral Relenza, que contiene Zanamivir.

Pero la verdad es que la OMS y las empresas farmacéuticas no disimulan mucho porque Joe Biden le ha puesto como representante de Estados Unidos en la OMS a Anthony Fauci, el cual había sido siempre un trabajador de las grandes farmacéuticas, director del Instituto Nacional de Alergia y Enfermedades Infecciosas en Estados Unidos desde el 1984, incluso en la presidencia con Donald Trump y después de haber sido declarada la pandemia del Covid-19. Joe Biden podía haber puesto a cualquier otro de representante de Estados Unidos en la OMS que tuviera intereses más cercanos con él, pero tal vez puso a Anthony Fauci porque tenía que devolverle algún favor o pagarle por su trabajo pasado en las multinacionales farmacéuticas o como Director del Instituto de Alergia y Enfermedades Infecciosas.

Así por ejemplo el periodista español Iñaki Gabilondo denunciaba el 7 de enero del 2010 en el telediario que presentaba en el canal de TV español 4 que pertenece a la cadena CNN en su columna diaria cómo las farmacéuticas y la Organización Mundial de la Salud habían sembrado el terror por motivos económicos, y concluía diciendo que el negocio más repugnante era el negocio del miedo.

En cambio ahora cualquiera que se plantee cualquier duda sobre las vacunas tiene que ser expulsado de la vida pública, por lo que no me extraña que muchos piensen que aquello que pasó con la gripe A en el año 2009 fue un ensayo para lo que está ocurriendo ahora, sobre todo porque los grandes medios de comunicación desde la pandemia del Covid-19 han dejado de cuestionar la falta de ética de la Big Phama y de poner en duda todo lo que salga de la Organización Mundial de la Salud, lo cual sería lo normal para cumplir la función social que tiene el periodismo de crítica y cuestión de las noticias y de la realidad.

Sin embargo tenemos a por ejemplo la revista británica The Economist, que sirve como uno de los portavoces oficiales de las ideas y de la agenda globalista, y que ha dedicado furibundos ataques a todos los que presentan reservas contra las nuevas vacunas, calificándoles de escépticos y negacionistas. De este modo hay un artículo en The Economist en el que aparecen dos personas que no se quieren poner la vacuna y que se están escondiendo en lo que es una forma de demonizar a todo aquel que se plantee que a lo mejor las vacunas para el Covid-19 no son tan buenas como nos están diciendo.

Así en este artículo de The Economist añade en el último párrafo casi: "Es probable que las opiniones marginales se difundan cuando las personas pierdan la confianza en sus líderes. Por lo tanto, la vacuna más efectiva contra las tonterías que lanzan los antivacunas es que el Gobierno simplemente en sus programas de vacunación contra el Covid lo aplique lo más rápido posible para evitar problemas y errores.

Y añade The Economist "Cuando las élites hacen bien su trabajo, los populistas y los chiflados no tienen nada que decir."

Esta forma de pensamiento único nos recuerda lo que fue la táctica de toda la vida en la antigua Unión Soviética, en la que a muchos de los disidentes los metían en manicomios porque los gobernantes no querían entender que alguien fuera un disidente en el paraíso y patria del socialismo.

Por cierto hubo un año en la década de los 80 que le dieron un premio Nobel al director de los siquiátricos para disidentes de la Unión Soviética, como le dieron el Premio Nobel de la paz al exsecretario de los Estados Unidos, Henry Kissinger, en 1973, que incluso ha sido acusado de violación a los Derechos Humanos.

Así en la cita mencionada de la revista The Economist sobre las personas que dudan de la administración de las vacunas del Covid-19 no solamente dice que el resto de personas, es decir los que no seguimos su línea de pensamiento somos populistas y chiflados, sino que la revista the Economist se considera como defensor de las élites y lo dice abiertamente, solamente hay que saber leer un poquito entre líneas.

Así pues existen serias dudas sobre la administración de las vacunas del Covid-19 en la población porque básicamente cuando hablamos con un médico y nos dice que el proceso de elaboración de las vacunas ha sido demasiado rápido, e incluso las propias farmacéuticas y los propios laboratorios en los documentos públicos que están a disposición de todos en sus páginas web plantean serias dudas sobre determinados aspectos de la vacuna, por ejemplo, no son capaces de garantizar que no esteriliza y esto lo dice la propia Pfizer.

Además de estas dudas sobre las vacunas del Covid-19, el pasado 9 de diciembre del 2020 una serie de documentos fueron sustraídos o filtrados de la agencia europea del medicamento. La información oficial dice que fueron sustraídos, aunque es posible que hayan sido filtrados porque siempre hay gente buena en todos los sitios, de los archivos de la Agencia Europea del Medicamento y se publicaron en internet, se publicaron en la web, solo se podía acceder a través de la Dark Web y por tanto sólo a través de navegadores anónimos como Thor. Así estos documentos pertenecen sobre todo al proceso de evaluación de la vacuna Pfizer. Así hay variantes de correos electrónicos e informes que muestran como funcionarios de la Agencia Europea del Medicamento pidieron a las autoridades europeas que se saltaran los procesos nacionales de autorización.

Estos funcionarios han dicho para justificarse que pidieron que se saltaran todos los procesos nacionales de autorización para que la vacuna llegara a todos los países a la vez, es decir, que se pedía una reducción de soberanía nacional, que es típico de la agenda globalista. Pero además los datos revelaban diferencias cualitativas de calidad entre los lotes comerciales y los utilizados durante los ensayos clínicos, es decir que no eran las mismas vacunas. Ésto es lo que se ha publicado en algún medio de comunicación a raíz del reportaje que sacó el diario francés "Le Monde", medio oficialista por antonomasia.

Pero lo que nadie dice cuando se habla de esta cuestión es que la eficacia de la vacuna de Pfizer según reflejan estos documentos era de tan sólo el 19%.

Es de destacar que incluso se planteó que la vacuna es más efectiva en las personas que sólo reciben una dosis que en las personas que han recibido las dos dosis. Pero la verdad es que en esos documentos el porcentaje de efectividad que aparece es del 19% solamente, que ha hecho que la Agencia Europea del Medicamento denunciara el robo de la información y dijera que efectivamente esa documentación se la han sustraído a ellos pero que ha sido manipulada por hackers.

Aunque es imposible de saber si esta información fue manipulada por hackers o no, lo que sí podría hacer la Agencia Europea del Medicamento para desmentir lo de la eficacia del 19% de las vacunas Pfizer es publicar el documento original que indicaba el % de eficacia correcto.

Así pues también circuló por internet una supuesta carta que escribió Donald Trump a Joe Biden y que en teoría le dejó en el despacho de la Casa Blanca en la que le decía: "Ya sabes que gané yo, Biden", la cual también podría ser fácilmente desmentida si Biden publicara la carta original.

Pero también hay que tener en cuenta que esta información sobre todo son conversaciones que tuvieron los funcionarios entre sí, correos electrónicos, etc., es decir, no son los informes finales. De hecho estos documentos lo que plantean es que hubo un proceso de validación con discusiones, porque efectivamente al principio la eficacia de la vacuna Pfizer no era como se esperaba, pero que finalmente todos se pusieron de acuerdo para que esta eficacia fuera la deseada y validarla.

De hecho en uno de los informes que presentó la empresa farmacéutica Pfizer en el Gobierno del Reino Unido, que fue uno de los primeros informes que presentaron, se especifica que la efectividad es superior al 90% y se habla sobre todo del tema de los efectos secundarios donde Pfizer reconoce que no es capaz de garantizar que su vacuna contra el Covid-19 no esteriliza, básicamente porque no la ha probado en mujeres embarazadas, y porque tampoco sabe si la administración de la vacuna ahora puede generar esterilidad posteriormente a unos años vista. Todas estas dudas sobre la vacuna son normales ya que normalmente una vacuna tarda en desarrollarse entre 5 a 10 años, algunas ni siquiera se desarrollan porque no se llega a la fórmula mágica

De hecho el propio presidente de la Junta de Extremadura, que es el gobierno de la comunidad autónoma de Extremadura en España, en una rueda de prensa a principios del año 2021 dijo que la vacunación masiva en residencias de ancianos se estaba realizando primero para ver la evolución del fármaco, lo cual significa que se están utilizando a los mayores como cobayas humanas.

Y también dijo el presidente de la Junta de Extremadura que en función de cómo vieran cómo va con las vacunas así harían. Lo cual confirma que a los políticos a veces también se les escapa información que en teoría no deberían compartido de forma pública.

Por otro lado es muy curioso que mientras al final en Europa se aprobó la comercialización y administración a la población de la vacuna de Pfizer, en Estados Unidos se retrasó la llegada de esta misma vacuna a pesar de que Trump presionó para que saliera antes de las elecciones presidenciales de Estados Unidos del 3 de Noviembre del 2020, y la propia Administración estadounidense de los alimentos y medicamentos (Food and Drug Administration, FDA) no quería aprobarla tan rápido.

Por lo tanto es normal tener dudas respecto a las vacunas del Covid-19, y más bien es temerario no tenerlas. Además está habiendo fallecidos por causas directas o indirectas derivadas de la vacunación, todavía no sabemos realmente la efectividad de la vacuna, y especialmente la población mayor está siendo utilizada como cobayas.

De todas maneras está claro que el hecho de ponerse las vacunas o no debería ser voluntario, pero tampoco va a ser voluntario, ya que va a haber un pasaporte Covid, que es parte del plan del Gran Reseteo y de la agenda 2030.

Por todo tanto dudar de las vacunas es prudente e incluso recomendable, sin necesidad incluso de entrar en la diferencia de las vacunas de ARN mensajero, como son la misma de Pfizer y de la farmacéutica Moderna, frente a las vacunas tradicionales. lo cual obviamente supondría todavía más dudas a la mayor parte de las personas al respecto de la efectividad y seguridad de las vacunas del Covid-19.

De esta manera supongamos que simplemente el problema que tiene la vacuna es que no es suficientemente eficaz y que además genera una serie de efectos secundarios que no tienen por qué ser muy graves, pero ésto ya sería suficiente para generar dudas y ser prudentes con la administración de estas vacunas.

Aunque la verdad evidente es que sí que se está experimentando en humanos con las vacunas del Covid-19 ya que en la web oficial del gobierno de Estados Unidos "ClinicalTrials.gov" se indica que para la vacuna de Pfizer las fechas de estudio y ensayos de la vacuna son: Fecha de inicio real del estudio: 29 de abril de 2020

Fecha estimada de finalización primaria: 29 de octubre de 2021

Fecha estimada de finalización del estudio: 6 de abril de 2023

Y para la vacuna de Moderna la web ClinicalTrials.gov indica que las de estudio y ensayos de la vacuna son:

Fecha de inicio real del estudio: 27 de julio de 2020

Fecha estimada de finalización primaria: 27 de octubre de 2022

Fecha estimada de finalización del estudio: 27 de octubre de 2022

Por lo tanto incluso la fase primaria de estudio y ensayos de estas vacunas son fechas futuras en el momento en que estoy escribiendo este libro, lo cual estoy haciendo a mediados de Abril del 2021, es decir que con las vacunas que se están administrando de Pfizer y de Moderna se está experimentando con humanos, y por lo tanto lo mismo pasa con el resto de vacunas como la de AstraZeneca por ejemplo.

Pero es que además es que hay relación directa entre la vacunación masiva y la agenda globalista, la cual está encarnada en nuestros días en la agenda 2030 que impulsa el Foro Económico Mundial a través del Gran Reseteo, ya que por ejemplo hay una campaña lanzada por el Gobierno español que se llama "vacunación solidaria". De este modo en el logo de esta campaña aparece también el logo de la agenda 2030, lo cual obviamente no es en absoluto casual.

Pero, ¿qué tiene que ver la agenda 2030 con la vacunación masiva?.

De hecho en un principio la Agenda 2030 no planteaba ningún tipo de papel de la farmacología en la agenda 2030, sino que más bien había que controlar bien legislativamente a las multinacionales farmacéuticas. Pero ahora la agenda 2030 ha cambiado y las grandes multinacionales tecnológicas (Big Tech), las grandes multinacionales farmacéuticas (Big Pharma) y los grandes bancos (Big Bank) pueden trabajar como deseen, pero los que no podemos trabajar como deseamos somos el resto de la humanidad ya que tenemos restricciones a la movilidad y en la apertura de negocios y censura.

Y además estas empresas farmacéuticas tienen financiación estatal permanente, ya que por ejemplo estas empresas españolas tienen una gran campaña global de vacunación detrás que hay que defender, cuyo principal objetivo es contribuir a garantizar un acceso justo, asequible y universal a la vacuna como un bien público global.

De esta manera con la excusa de un acceso justo, asequible y universal a las vacunas como un bien público se experimenta en los humanos con las vacunas, especialmente ahora con los más mayores.

En esto por ejemplo se basa el Gobierno español, que ha vendido vacunas del Covid-19 a su cercano Principado de Andorra mientras no se la podían poner los profesionales sanitarios en España, y se abren falsos debates sobre si un alcalde se ha puesto la vacuna o no, lo cuales son solamente maneras de distraer y desviar la atención de los problemas reales de las vacunas. Incluso se ha dicho que hay gente que se está aprovechando de estar en el poder para ponerse las vacunas, cuando realmente hay muchas personas que no se quieren ponerse la vacuna contra el Covid-19 por tener dudas al respecto, al igual que los políticos mismos.

De esta manera el mismo Gobierno español como el presidente Maduro de Venezuela han dicho de manera poco sutil, va a esperar a que se vacunen todos los que lo necesiten para vacunarse ellos después, que obviamente da a entender que realmente desean que se experimente con las vacunas en los demás antes de ponérselas ellos.

De hecho todos deberíamos poder decidir por nosotros mismos si nos ponemos la vacuna del Covid-19 o no haciendo un análisis de riesgos-beneficios, pero como la agenda globalista dice que el objetivo de la vacunación "solidaria" es contribuir a garantizar un acceso justo, asequible y universal a la vacuna como un bien público global, entonces realmente nos están diciendo que la vacunación va a ser tan recomendable que si no accedemos a vacunarnos vamos a ser unos antivacunas negacionistas, y por lo tanto será justo si no podemos entrar en comercios, viajar o hacer cualquier cosa a causa de ello.

 Entonces según la agenda globalista si ha de morir un 0,5%, un 1%, 2% de la población mundial a causa de las vacunas no importa, porque nos ven como ganado y no como personas, y de hecho desde hace décadas están buscando cómo reducir la población mundial

De esta manera las oligarquías globalistas eliminan la esencia del ser humano, su libertad, su responsabilidad, todos sus valores, etc. y ahora dependemos de los gobiernos que hacen lo que les indica la Organización Mundial de la Salud, que es una organización financiada y controlada por la Fundación Bill y Melinda Gates y otros magnates globalistas, la cual impone que la vacunación no sea voluntaria, sino que se haga una lista con los que no se vacunan, lista que se compartirá con otros países, como dijo el ex ministro de Sanidad español Salvador Illa, en el canal de televisión español "La Sexta".

Así Salvador Ila dijo textualmente en el programa "Al Rojo vivo: crearemos un registro y lo compartiremos con nuestros socios europeos de aquellos residentes en España a los que se les haya ofrecido la vacuna y simplemente la hayan rechazado.

Obviamente esta lista de los que no han querido vacunarse iría en contra de la Ley de Protección de Datos, pero de hecho las leyes de protecciones de datos son de las leyes más vulneradas por muchos gobiernos de muchas naciones.

De hecho el propio Primer Ministro del Reino Unido, Boris Johnson, dijo que iba a hacer una lista de personas que no hayan querido vacunarse, y enseguida salió el Ministro de Sanidad del Reino Unido diciendo que no hicieran caso de lo que decía el Primer Ministro.

Por estas razones está claro que muchos gobiernos de las naciones sí van a hacer una lista de personas que no quieran ponerse la vacuna del Covid-19, y aquí es donde entra el concepto del pasaporte Covid, el cual en teoría a mediados del año 2021 según la agenda de este proyecto debería haberse implantado de forma global ya.

De hecho Dinamarca ya anunció el pasado 13 de Enero del 2021 que quienes habían recibido la vacuna podrían eludir las restricciones de movilidad de momento, y en un futuro posiblemente podrían eludir otras más.

Por supuesto respecto a los pasaportes puede encontrarse artículos en la web del Foro Económico Mundial que celebran la llegada de estos pasaportes Covid, ya que todos los que participan en el Foro de Davos son ingenieros sociales con afán de controlar a las personas. Por lo que siempre que entramos en la web del Foro Económico Mundial se puede leer entre líneas la idea de que ellos son la élite gobernante y que los demás somos tontos y no sabemos lo que nos conviene mejor, y por lo tanto nos dicen que no debemos comer carne sino hierba y gusanos, que tenemos que renunciar a calentarnos con determinadas fuentes de energía y que ahora necesitamos un pasaporte Covid que indique a los demás si estamos vacunados o no para poder comprar, viajar, etc.

De esta manera Microsoft lleva muchos meses desarrollando la tecnología para crear documentos digitales que muestren el estado de vacunación de cada individuo. De hecho el proyecto del pasaporte Covid es el primer paso de un proyecto global de identificación digital, el ID2020.

Esta coalición de empresas, entre las que está Microsoft y muchas otras compañías tecnológicas que trabajan en conjunto con una Fundación que se llama Commons Project, en torno a la cual se articula el pasaporte covidiano (relacionado con el Covid) que está presidida por un señor que se llama Brad Perkins, que ha trabajado en la corporación RAND, corporación de inteligencia militar, es decir puro estado profundo americano (Deep State); y también ha trabajado en la empresa "Human Longevity" (Longevidad humana) que se dedican a experimentos genéticos para lograr longevidad humana. Brad Perkins está al cargo del proyecto del pasaporte Covid y es colaborador también del centro de epidemias de Atlanta, que es conocido mundialmente como el CDC que es una referencia mundial en la lucha contra las epidemias y que nos muestra el camino que nos espera.

Brad Perkins ha dado varias entrevistas últimamente presentando el proyecto del pasaporte Covid en las cuales ha dicho: "Durante un tiempo la mayoría de nosotros tendremos que mostrar y demostrar que nos hemos hecho un test COVID-19 negativo, o que estamos en un estado de vacunación actualizado para realizar las rutinas normales de nuestras vidas". Así que no nos vamos a poner solo una vez la vacuna, sino que vamos a tener que ponérnosla durante varios años al menos, lo cual obviamente es un océano de rentabilidad para las empresas farmacéuticas, teniendo en cuenta que tendrán que ir desarrollando nuevas vacunas si va variando la cepa

Y en cuanto a tener un estado de vacunación actualizado para realizar las rutinas normales de nuestras vidas no significa sólo para poder viajar, ya que Brad Perkins añade que deberemos tener un estado de vacunación actualizado "ya sea subiendo a un avión e ir a otro país, ya sea para ir al trabajo, a la escuela, al supermercado o a cualquier tipo de evento."

Así podemos recordar que en el caso de los viajes en avión, por ejemplo, hay países donde los pasajeros llegaban y había un señor con un termómetro digital de pistola, el cual se los acercaba a los pasajeros la frente, veía que no tenían fiebre, les preguntaban si habían estado en China en los últimos 15 días, etc. y estos pasajeros entraban en el país de destino sin más. Por eso es tan clave la figura del asintomático en este tema porque si hay alguien que es portador del virus y no tiene síntomas, ese tipo de mecanismos preventivos como la de medirnos la temperatura con un termómetro ya no tienen sentido, con lo cual también se elimina toda actividad preventiva porque todos podemos ser portadores del virus y contagiarlo, que es al menos lo que plantea la versión oficial.

Así la ciencia lo que hecho hasta ahora es investigar, y siempre que sale algo nuevo se investiga y se aportan muchas ideas, se hacen hipótesis, entonces las hipótesis se confirman entre sí, y finalmente las hipótesis se tienen que demostrar con experimentos, que es el conocido como el método científico. Así en el método científico los profesionales plantean dudas e hipótesis y de esta manera participan en el proceso de búsqueda de la verdad, pero ahora en cambio este cuestionamiento de las hipótesis y de la realidad se censura

Siguiendo con el tema del pasaporte de vacunación en el que están trabajando, éste pasaporte se basa en la tecnología bautizada como "the Common Pass", cuyo desarrollo lo realiza esta Fundación junto con el Foro Económico Mundial, y tienen una empresa juntos que se llama Common Trust Network (que se traduciría como Red de Confianza Común) y que está publicitada en la web del Foro Económico Mundial.

La clave de todo esto es que para poder realizar nuestras actividades cotidianas quieren que confiemos en la Big Pharma, en los gobiernos y en la Organización Mundial de la Salud poniéndonos una vacuna que hasta los propios laboratorios dicen que pueden esterilizar y provocar otra serie de efectos secundarios. En esto es en lo que se basa el programa liderado por Microsoft que no es algo escondido, sino que también lo ha publicado un medio de comunicación oficialista como el diario New York Times y de lo cual también hay vídeos en YouTube los cuales no son censurados por cierto.

Entonces nos preguntamos lo siguiente, ¿cómo puede ser que médicos ni siquiera conozcan el grado de eficiencia o de eficacia de las vacunas? Lo que sabemos al respecto es por las filtraciones a los documentos de la Agencia Europea del Medicamento, por el evidente aumento de contagios que están provocando estas mismas vacunas, pero realmente no sabemos la eficiencia o eficacia real de estas vacunas.

Todo este tipo de información sobre los efectos adversos de las vacunas del Covid-19 aparece en algunos medios de comunicación y en otros no, y así en el caso de Israel como ya se ha vacunado tanta gente en este país están utilizando a su población para experimentar con humanos con estas vacunas.

Entonces, ¿cómo puede ser que todavía no se conozca bien la eficacia y eficiencia de las vacunas ni sus efectos adversos a medio y largo plazo, y pesar de todo esté ya diseñado e incluso comenzándose a implantar el pasaporte Covid, que es un pasaporte electrónico precisamente creado para certificar esta vacunación?. Es decir que el pasaporte Covid está diseñado antes que las propias vacunas.

Precisamente este es el proyecto ID2020 de la ONU financiado también por Microsoft de Bill Gates para marcarnos a todos digitalmente como a las vacas, proyecto en el que está metido la Fundación Gavi, que es la alianza para la vacunación mundial de Bill Gates también.

Según la propia web de Gavi su impacto se basa en las fortalezas de sus socios principales, la Organización Mundial de la Salud, UNICEF, el Banco Mundial y la Fundación Bill y Melinda Gates. Además Gavi también trabaja con donantes, incluidos gobiernos soberanos, fundaciones del sector privado y socios corporativos; ONG, grupos de defensa, asociaciones profesionales y comunitarias, organizaciones religiosas y academia; fabricantes de vacunas, incluidos los de mercados emergentes; institutos de investigación y salud técnica; y gobiernos de los países implementadores.

Ahora Gavi ha puesto a su fundadora, Dakota Gruener, como directora ejecutiva del proyecto ID2020, y cuyo presidente de Gavi es José Manuel Durao Barroso, ex presidente de Portugal entre los años 2002 y 2004 y ex presidente de la Comisión Europa entre los años 2004 a 2014. Además como siempre apoya a Gavi la Fundación Rockefeller

Además todo esto no está oculto, por lo que no es ni teoría ni conspiración, ya que si vamos a las páginas webs de Gavi, ID2020, etc. y buscamos a los socios fundadores se encuentran todos estos nombres.

Entonces hay dos problemas, el primero es que cuando vamos a la web de una de estos entes globalistas como la Fundación Rockefeller enseguida nos damos cuenta que nos hablan de la agenda globalista 2030 con alguna variación en alguna frase, y el segundo problema es que el propio David Rockefeller confesó en libro de memorias publicado el año 2001 que existía un proyecto globalista y que existía una cábala secreta a la que pertenecía él y su familia, que buscaban un mundo global y que además si ésa era la acusación él se declaraba culpable y estaba orgulloso de serlo.

Que existan estos movimientos es relativamente normal, es decir que haya gente con poder gente y ansias de controlar un poco el mundo, pero para éso se supone que hay un ámbito político desde el cual estas personas si son votadas podrían dirigir a la sociedad, pero incluso este sistema parece que se ha terminado y que todo está secuestrado.

Entonces ahora mismo el Common Project tiene muchos cargos públicos, representantes de empresas, etc. que están diseñando ya una plataforma la cual están preparados para implantar, cuyo objetivo según los documentos que se ya se están analizando y se están viendo, será que esa plataforma decida por encima de los gobiernos y al margen de lo que quieran los ciudadanos, si los datos que proporciona el individuo respecto a su vacunación o estado de salud, le permiten obtener el salvoconducto para hacer actividades de la vida cotidiana hasta para comprar comida. Lo dice el propio presidente de la corporación RAND, Brad Perkins, que también ha trabajado durante años en el CDC (Centro para el Control y la Prevención de Enfermedades de Atlanta, Estados Unidos) y que también está al frente del proyecto Common Project, y que por tanto sabe para qué lo están diseñando.

Entonces nos preguntamos si en el trabajo se va a poder despedir a los trabajadores si no se ponen las vacunas, y la respuesta es que sí se va a poder despedir ya que hasta los sindicatos europeos se han posicionado de esta manera al respecto.

Por cierto que la jefa de la organización sindical mundial está también en la foto del Consejo para el Capitalismo Inclusivo junto con el papa Francisco como una de "nuestros guardianes" como se llaman ellos. Por lo que siempre se repiten muchos de los mismos actores que están en varios de estos entes globalitas supranacionales que quieren imponer la agenda globalista.

De este modo ya en el manifiesto del proyecto ID2020, ese proyecto de identificación por el cual quieren que todos estemos identificados digitalmente y creado mucho antes de la llegada del Covid, ya se indicaba en el punto número 8 que "este nuevo modelo de identidad digital global no va a tener una aceptación espontánea por parte de la población, así que sería necesario cambiar la percepción de la opinión pública sobre este sistema de censo global por medios electrónicos."

Es decir este sistema de identidad digital global ni va a ser popular, ni la gente lo va a desear, pero es que la voluntad popular no les importa nada a estos magnates globalistas y por lo tanto ya confiesan que se ocuparán ellos de que al final las personas quieran o por lo menos consientan con las implicaciones del proyecto ID2020.

Entonces parece ser que estas oligarquías globalistas tenían dudas de cómo implantar la identidad global y llegó el Covid-19, entonces muchas agendas se dejaron de lado porque vieron que ésto era una oportunidad como dice el presidente del Foro Económico Mundial que no se podía desaprovechar para acelerar la implantación de la agenda globalista, aunque muy posiblemente la realidad más exacta es que se creó el Covid-19 para acelerar la implantación de esta agenda. Es decir que la plandemia (pandemia planificada) se creó con el fin de imponer la agenda globalista y no que se dio la casualidad de que llegó el Covid-19 justo en el momento preciso en que las élites globalistas lo necesitaban.

Así el presidente del Foro Económico Mundial, Klaus Schwab dice que esta oportunidad ofrecida por la llegada del Covid-19 no se puede desaprovechar y que hay que usarlo para crear una nueva sociedad, un nuevo contrato social basado en la cuarta revolución industrial, en transhumanismo, en el control total y en el socialismo planetario. Esto no es ninguna teoría de la conspiración, pero sí una conspiración globalista.

De hecho se trata de una conspiración que va mutando progresivamente, por eso respecto a que el pasaporte Covid se tratará de un código QR que al ser escaneado indicará si estamos vacunados o no, los políticos lo saben desde hace bastante tiempo que ya estaba preparado porque algunos políticos ya han hablardo de un código QR antes de tiempo, y saben que anteriormente se estaba planteando implantar un sistema en el que las personas tuviéramos diferentes colores (verde, amarillo, rojo, azul, etc.) según estuviéramos vacunados o no y según otras características de salud, lo cual se puede comprobar con facilidad en internet.

Así las empresas encargadas de aplicar este programa en España son Indra, que es una empresa de defensa tecnológica (estado profundo español), la empresa francesa de consultoría informática Capgemini, a la cual le ha entregado el Gobierno español sin publicidad, sin subasta y sin ningún otro proceso de adjudicación del servicio, un contrato para gestionar los datos de vacunación del Covid-19, es decir que será la responsable efectiva del registro de vacunación en España,

Y respecto a los datos en sí del registro de vacunación se va a encargar en España la multinacional Accenture que "por casualidad" también es una de las patrocinadoras del proyecto ID2020 junto a la fundación Rockefeller y Bill Gates.

Además en España se ha adjudicado al grupo SAS el diseño de servicios de explotación de información sobre pruebas diagnósticas del COVID-19, incluida la geolocalización de las personas. Y, ¿quién es quién en el grupo tecnológico SAS?. El director ejecutivo del SAS Institute incorporated es James Goodnight desde el año 1976, multimillonario y directivo del Foro Económico Mundial.

Así que como vemos todos estos contratos van a para a empresas y personas que son parte de la agenda globalista, y de hecho hay muchas más empresas implicadas, conexiones que existen y que se pueden encontrar en internet si alguien tiene el tiempo y sabe encontrarlas. De hecho cada vez más hay personas independientes que se dedican a encontrar estas empresas y conexiones porque los periodistas en su mayoría han dejado de informar de ello.

9

Censura en el siglo XXI. La industria de los verificadores de noticias o fact-checking.

Como ya publicaron varios medios de comunicación y Microsoft mismo en su misma página web oficial, Microsoft ha creado una alianza entre empresas tecnológicas y medios de comunicación que reforzará la censura de las Big Tech (grandes multinacionales tecnológicas). Bill Gates ha creado una nueva alianza entre empresas, medios de comunicación y multinacionales tecnológicas para "luchar contra la desinformación en Internet". Este nuevo Ministerio de la Verdad Mundial está impulsado por Microsoft, compañía del multimillonario, y pretende ir más allá de la censura que están imponiendo las Big Tech a los medios y voces independientes. Funcionará a nivel internacional y parece que pocos podrán escapar al escrutinio y vigilancia de la Coalición para la Procedencia y la Autenticidad del Contenido (C2PA), un comité liderado por Microsoft.

En base al acuerdo que Microsoft publicó el 22 de febrero de este 2021, algunos de los fundadores de esta gran coalición de "certificadores de la veracidad" lo conforman por ahora, The New York Times, la cadena BBC, multinacionales como Adobe, la compañía de software ARM, Intel y los creadores de Truepic, una aplicación que permite verificar imágenes para asegurar que nadie las ha alterado. La empresa tecnológica de Gates ha cargado de buenas intenciones su proyecto y asegura que tan solo se trata de preservar "la integridad del contenido", y que los verificadores puedan comprobar que "la información original no haya sido manipulada por el camino". Sin embargo, leyendo a fondo los documentos relacionados con la Coalición para la Procedencia y la Autenticidad del Contenido, este comité de vigilancia de Microsoft vendría también a reforzar la red internacional de agencias de Fact-Checking o "verificadoras de contenido", todas ellas de corte izquierdista y financiadas en su mayoría por el llamado GAFTA (Google, Amazon, Facebook, Apple, Twitter). En este sentido, Microsoft implementará algoritmos y softwares que permitan identificar qué tipo de contenidos, ya sea texto, imagen, vídeo o documento, fueron creados por un medio generalista como The New York Times o bien por un medio digital alternativo o un usuario. En el caso de que la noticia provenga de un medio que desafíe y cuestione la información publicada por The New York Times, inmediatamente, será catalogada como Fake News (noticia falsa). Otra de las novedades de la alianza C2PA de Bill Gates es rastrear la trayectoria del "falso" contenido incluso cuando haya sido lanzado por un usuario anónimo. De este modo, Bill Gates ofrecerá a las Big Tech un software que permita seguir la pista de la información que su Coalición cree "engañosa", ya sea un artículo en un blog, un vídeo en una plataforma, un párrafo en una red social o un meme. En cualquier caso, se identificará tanto al autor como a los que han consumido esa noticia falsa. Sobre ello, el comunicado de Microsoft explica que la investigación perseguirá "desde el dispositivo de captura hasta al consumidor de información". Por esta razón, "la colaboración con fabricantes de chips, organizaciones de noticias y empresas de software y plataformas es fundamental para facilitar un estándar de procedencia integral e impulsar una amplia adopción en todo el contenido del ecosistema", indica la tecnológica de Bill Gates. La gran Coalición contará con el apoyo de Project Origin, que es otra de las organizaciones de Microsoft que ya está diseñando estándares y tecnologías que certifican la fuente y procedencia del contenido online. "Este es un importante paso adelante para abordar las crecientes preocupaciones con la manipulación y fabricación de noticias e información", se puede leer en su página web.

De esta manera Bill Gates parece que ha formado una alianza o confederación siniestra, teniendo el mismo diario New York Times un historial pavoroso de errores, de desinformaciones, de falsedades, de plagios, etc. en sus noticias, resultando ser ahora la vara de medir de las informaciones periodísticas.

De este modo esta alianza va a usar una solución tecnológica que determine el origen de las informaciones y su veracidad con el objetivo de combatir el contenido engañoso, que es otra forma de evitar decir que se trata de una alianza para eliminar contenidos que no sigan la versión oficial del pensamiento único, que es el objetivo más importante y elemento diferencial para la constitución de esta alianza. Además con esta tecnología se va a poder saber qué personas han leído determinadas informaciones, con lo cual se acaba con las leyes de protección de datos personales, y se va a conseguir llegar hasta las casas o hasta los dispositivos móviles de los usuarios que lean cualquier noticia de medios de comunicación alternativo.

De hecho es posible que ya hayan empezado a hacerlo. Pero lo terrible del asunto es que se repite el patrón de la Inquisición española ya que la culpa no sólo la tiene el autor, el impresor o el programa por el que se canaliza esta información, sino también el que accede a la información. Es decir, igual que estaba prohibido leer determinados libros hace siglos y no sólo escribirlos, imprimirlos o acercarse a verlos, lo mismo sucede ahora. Es decir van a perseguir al que canaliza esta información, a aquel del que se originó la información y a los pobres infelices que han leído, la han visto o la han escuchado.

Así uno de los protagonistas de esta alianza es Eric Horvitz, que es el director científico de Microsoft, ya que ellos como ingenieros sociales idean y plantean estos proyectos globalistas, aunque luego hay otros que lo ejecutan. Así aunque Eric Horvitz haya sido el que ha anunciado este proyecto y sea el director científico de Microsoft, Bill Gates obviamente sigue dirigiendo los designios de la compañía en la sombra. Pero es que cuando se lee un poco en la promoción que ha hecho Eric Horvitz en la propia web de Microsoft, aparece el comunicado con esta alianza que hemos comentado y luego también un artículo de él defendiendo un poco la idea, y de forma curiosa empieza su texto explicando que todo esto se le ha ocurrido en el Foro Económico Mundial, lo cual tampoco sorprende sabiendo el tipo de personas que se reúnen en el Foro de Davos.

Como ya hemos explicado el Foro Económico Mundial es el impulsor de la idea del Gran Reseteo, y así Erick Horvitz en un artículo que acompaña también de un vídeo que aparece un plató televisivo se plantea que su objetivo es desarrollar y desplegar tecnologías para certificar el origen y la autenticidad de las informaciones. Él dice que lo que hay que hacer es una especie de trazabilidad como la que se realiza, por ejemplo, con los productos alimenticios para garantizar de dónde vienen y saber por ejemplo dónde ha sido cultivado determinado producto, lo cual probaría que ese producto tiene una determinada calidad. Pero en el caso de las informaciones da igual de donde procedan, ya que la verdad es la verdad la diga quien la diga.

De este manera en las noticias e informaciones no es relevante quién lo ha dicho o escrito sino que sea cierto o no, por eso también quieren determinar ellos qué es cierto y qué no. Y también planteaba Erick Horvitz que le habían comentado en el Foro Económico Mundial del 2019 que este proyecto debían hacerlo, que es cuando ya existía el Project Origin y que es el paraguas del que depende esta iniciativa.

Así que parece que utilizan a muchas empresas de la misma forma que cuando se da dinero, y se busca una empresa tapadera para que este dinero llegue a su fin y luego se crean cuentas corrientes también tapadera para que sea imposible seguir la pista del dinero. Pues eso es lo que hacen ellos que son los defensores de la trazabilidad ya que se esconden en un mar de siglas, en un mar de proyectos que están creados por las mismas empresas y oligarquías globalistas.

De esta manera contra más empresas, nombres de alianzas, siglas, etc. se proporciona una sensación de universalidad mucho mayor, y además da la sensación de que ésto tiene un respaldo social inmenso, siendo más difícil determinar responsabilidades o culpables. De esta manera ante un mar de empresas, siglas y alianzas nos distraemos e incluso no alcanzamos a pensar que los de la Alianza para la verificación de los contenidos y del Project Origin son los mismos que también están en el Club Bilderberg, en la Comisión Trilateral, en las fundaciones de George Soros, en el consejo del capitalismo inclusivo, en el Foro Económico Mundial, etc.

Así se trata de las nuevas oligarquías que siguen teniendo la vieja ambición, la vieja corrupción, la vieja inquisición, pero todo ello disfrazado de novedad con nuevos nombres.

Además del New York Times otro de los fundadores de esta coalición de "certificadores de la verdad" es la cadena británica BBC, que es otro de los medios de referencia, la cual consta de muy buena reputación ya que los periodistas y otros profesionales se han pasado años diciendo que las televisiones públicas tendrían que ser como la BBC, incluso a medida que se iban acumulando los escándalos de la BBC. Es decir, que la cadena BCC consiguió una buena reputación que se ha mantenido durante años a pesar de los escándalos.

Además Eric Horvitz y Microsoft dicen que han creado una plataforma para alumbrar precisamente esta solución tecnológica que ha anunciado Microsoft y que están en condiciones de implantar, aunque tal vez la hayan implantado ya. De esta manera Eric Horvitz decía que el objetivo es crear una tubería en la cual el origen de la información vaya hacia su receptor y que esa tubería esté blindada y que la blinde Microsoft. Es decir, que no haya ningún tipo de visión externa que pueda verificar esa información, sino que lo harían ellos mismos, e incluso si alguien cuenta los mismos hechos, pero le da otra interpretación u otro matiz, ya es fake news (noticia falsa).

Y otro de los elementos también es la Iniciativa para la Autenticidad del Contenido, que es básicamente la misma idea pero en la cual también está Twitter y el diario USA Today. Al final se trata de una ensalada de siglas de todo tipo que en los últimos años se ha configurado como una tela de araña liderada por Microsoft en este caso, ya que Google está liderando otra iniciativa.

Así los objetivos de este proyecto son dos principalmente, que es lo que dice el comunicado de Microsoft, el primero controlar la información, determinando lo que es desinformación cuando lo consideren oportuno los miembros de esta alianza y el segundo, localizar tanto el origen de cada información como el receptor. Por lo que al menos en este caso Microsoft está siendo transparente con sus intenciones o más bien descarados porque una cosa es tener el poder, pero hay determinados elementos de esta agenda globalista que necesitan que se reconozca quiénes y de qué manera se tiene el poder.

Pero lo que no dice Microsoft es que está empleando muchos recursos en un programa para impulsar un censo digital bajo el paraguas del proyecto ID2020, del que ya hemos hablado en más de una ocasión y que se relaciona con esta nueva alianza. Y es que la compañía que fundó Bill Gates está trabajando con su numerosa plantilla de programadores para crear un directorio de personas que, según dice la propia empresa, permitirá tener una identidad digital descentralizada, privada y de uso general, es decir que será un sistema que permite o deniega el acceso a nuestra información privada más preciada, además de poder rastrear adecuadamente cuando una empresa o aplicación consulta dichos datos, siempre y cuando no sea Microsoft.

Pero el problema es: ¿quién vigila al vigilante que en este caso es Microsoft?.

Pero por mucho que se empeñen en decirnos que es una base de datos descentralizada, este directorio no lo es ya que es centralizado por su creador. En cambio, la tecnología que sí es descentralizada es por ejemplo el Bitcoin y toda la estructura de blockchain (cadena de bloques) o toda la plataforma de infraestructura de blockchain pero no la base de datos de Microsoft. Aunque hoy hay datos en internet que dicen que Bitcoin ya ha sido intervenido por los grandes fondos de inversión.

Además este programa forma parte de otra iniciativa, es decir es una de las iniciativas de la "Identity Foundation" que también está siendo impulsada por el Foro Económico Mundial para que con motivo de la pandemia manipule a la opinión pública para que no considere este tipo de censo o base de datos de la humanidad una amenaza. De hecho esta es la labor del Foro Económico Mundial también, es decir hacer propaganda para que consideren esta base de datos mundial, y así lo publicitan como algo positivo en su web. De esta manera hay un artículo defendiendo esta iniciativa en la web del Foro Económico Mundial, y solamente hace falta ver la foto que usan para ilustrar el texto: tres niños de diferentes razas y culturas, porque obviamente el proyecto debe ser inclusivo, lo cual en realidad quiere decir globalista o mundialista.

Así defienden esta identidad digital para que ningún niño pase hambre, que es el argumento que se está utilizando, pero la realidad es que implantan la censura lo cual no sirve para que los niños dejen de pasar hambre. Y así este censo que pretenden hacer es sobre el que se basa todo lo demás porque no se puede determinar la trazabilidad de una información desde el origen hasta el receptor si no se controla la identidad digital de ambas personas obviamente. Entonces para eso todo el mundo tiene que estar dentro de ese sistema digital controlado por Microsoft, es decir se trataría de una base de datos de todos los ciudadanos del planeta.

Entonces, ¿cuál es el problema con esta base de datos mundial?. El problema reside en donde se almacenan tantos datos, y es aquí donde llega la iniciativa de Microsoft de utilizar ADN sintético.

Referente al DNA genético lleva hablando mucho también el Foro Económico Mundial, ya que su presidente Klaus Schwap es un transhumanista reconocido. De esta manera Microsoft ya está comprando varios millones de hebras de ADN sintético a la empresa Twist Bioscience. Entonces, ¿cómo se consigue el ADN sintético?. Pues uno entra a la web de una de estas empresas, en concreto de Twist Bioscience, carga la secuencia de ADN que desee que incluso puede sacar de internet y en un par de semanas después se recibe el ADN sintético personalizado en el buzón de casa por nueve centavos por cada par de bases, lo cual es muy barato.

Antes las máquinas para fabricar ADN sintético eran muy caras pero ahora ya no. Y los defensores de esta tecnología son los arquitectos del Gran Reseteo a la cabeza, dicen que a través de esto se va a poder construir una fuente permanente de compuestos útiles en fármacos, que es en lo que está metido más ahora el Foro Económico Mundial, obviamente por el tema del Covid, junto con productos alimenticios, lo cual también liga con la producción y consumo de carne sintética, que también están impulsando desde el Foro Económico Mundial. De hecho Bill Gates ha dicho que todos los países del primer mundo tienen que implantar la carne artificial.

De hecho el mismo Bill Gates en Febrero del 2021 aparecía en un vídeo bebiéndose un vaso de agua que procedía de heces fecales, lo cual es una iniciativa que en realidad pretende solucionar el problema de la canalización de aguas fecales en los países subdesarrollados, creando sanitarios los cuales ellos mismos pueden deshidratar de alguna manera los residuos fecales y transformarlo en agua para beber.

Siguiendo con el tema que nos ocupa lo del ADN sintético sirve para diseñar materiales nunca vistos según plantea Microsoft. Por lo que parece que están hablando una vez más de jugar a ser dioses, de creernos Dios directamente, creando ADN a la carta. De hecho como esto puede suponer un riesgo para la seguridad nacional de Estados Unidos y la de otros países, ya hay unidades específicas de seguridad nacional en Estados Unidos y en algún otro país para averiguar hasta qué punto ésto supone una amenaza a la seguridad nacional de estos países, en el caso de que por ejemplo se utilice este tipo de tecnología para reconstruir, por ejemplo, el extinto virus de la viruela. Así también por ejemplo a partir de información de acceso público en unos pocos meses y por menos de cien mil dólares alguien podría montar una pandemia.

De hecho el propio Gates, en una de sus vídeos de principios de Marzo del 2021 planteó la posibilidad de que se produjeran pandemias en el futuro lanzadas por laboratorios, lo cual ya es de hecho perverso. De esta manera podemos entender que un laboratorio se enfrente con una pandemia, pero solamente entenderíamos que un laboratorio creara una pandemia salvo que tenga las peores intenciones para el género humano. Además lo peor de todo es que lo dice un señor que lo que tiene fundamentalmente son inversiones en laboratorios y entonces en teoría conoce a sus compañeros del sector farmacéutico, y aunque pensemos que los intereses de Microsoft son buenos, pues existe un riesgo evidente también de que los laboratorios creen pandemias.

¿Y si el sistema es atacado o hackeado?. Precisamente Microsoft a principios de Marzo del 2021 denunció que hackers apoyados por el Gobierno de China habían aprovechado las debilidades de los servidores de Microsoft para obtener acceso a información de varias organizaciones de Estados Unidos sobre investigaciones acerca de enfermedades infecciosas, y acceder a información de empresas jurídicas, universidades, contratistas de defensa, bufetes de abogados, centros analíticos y organizaciones no gubernamentales. ¿Y Microsoft es la multinacional que va a hacer el censo o los que van a especificar la trazabilidad de la información si no pueden ni siquiera garantizar la seguridad de sus propios servidores?. De hecho Microsoft es también quien está detrás del pasaporte Covid y de la tecnología Common Pass como hemos visto en el capítulo interior.

Así que ahora no se trata solamente de un tema sanitario, sino también de una ciberpandemia, porque a través del ataque cibernético se pueden crear pandemias digitales en el mundo.

Volviendo al tema de la censura y la desinformación es necesario hablar también de otros elementos como son los verificadores de noticias, las denominadas agencias de fact-checking, las cuales casi siempre son de la izquierda política, y no precisamente de la izquierda moderada, y que se dedican a verificar noticias.

De hecho la industria de los verificadores de noticias es relativamente reciente y fue impulsada realmente a raíz de las elecciones presidenciales de Estados Unidos del 2016, con un objetivo que no se escondió y que de hecho se publicitó, que era evitar que pudiera suceder otra vez que un candidato no elegido por el sistema o por el establishment pudiera llegar a la Casa Blanca, como pasó con Donald Trump. Entonces es cuando surgieron voces denunciando la desinformación y paradójicamente esas voces nacían de los medios de comunicación tradicionales que llevan desinformando desde hace décadas. Así el crecimiento de la industria de los verificadores de noticias surge precisamente por el descrédito del periodismo tradicional, que en teoría debería ser el encargado de aportar datos y argumentos para que los ciudadanos pudieran acercarse más a la verdad. Porque la verdad si la conocemos como dijo Jesús en la biblia, nos hará libres.

Pero como la mayoría de medios de comunicación tradicionales en lugar de acercarnos a la verdad se convirtieron hace mucho en peones de la agenda globalista, entonces esa función social han dejado de cumplirla y por eso surgen estas empresas de verificación de información que desde un punto de vista de mercado de orden espontáneo estarían muy bien. Es decir, si los medios de comunicación dejan de cumplir su función pues tienen que surgir agencias de noticias nuevas.

Desafortunadamente estas agencias de verificación de datos tienen un componente político importante y se agrupan en torno a una red que es el IFCN, que son las siglas en inglés de la Red Internacional de Verificadores de Hechos que proclaman la independencia como una de sus principales banderas, aunque en realidad están financiadas por las grandes empresas tecnológicas. Y dentro de estas agencias en España están la agencia estatal Efe, dependiente del gobierno de turno, que se llama en concreto Efe Verifica, Newtral, que es de todo menos neutral, y que obviamente pertenece a la izquierda política poco moderada, y que ha llegado a una alianza con CEU, que es una universidad de la Iglesia Católica, lo cual nos recuerda a la Inquisición española de la iglesia católica que en la Edad Media censuraba ideas o contenidos que pudieran cuestionar la visión de la iglesia. De hecho la Universidad CEU San Pablo y Newtral.es han lanzado una máster en verificación digital, fact-checking y periodismo de datos, por lo que esta universidad católica parece olvidarse de lo que dijo Jesús de que conoceremos la verdad y la verdad nos hará libres.

Pero, ¿para qué una Universidad Católica como la CEU quiere la libertad cuando durante siglos la iglesia católica ha censurado a científicos y personas de otras religiones por pensar diferente?. De hecho en el pasado la iglesia católica de una u otra manera llevaban siglos de experiencia persiguiendo a la libertad. De esta manera se juntan la experiencia de siglos en represión y destrucción de la libertad de la iglesia católica con el ansia nuevo por destruir y reprimir la libertad de los impulsores de la agenda globalista, como los que se reúnen en el Foro de Davos.

Así pues en el caso de la empresa de verificación española de noticias, fact-checking, es Ana Pastor la que está detrás de Newtral, que es la fundadora y socia única. Así pues es un despropósito que se haga una red global de verificadores de noticias y se mete como líder en un país la empresa de una señora que es fundadora y socia única, que además es mujer del también periodista del canal la Sexta, García Ferreras, que es uno de los que participó activamente en la campaña de desinformación tras los atentados en los trenes en Madrid del 11 de marzo de 2004.

Y luego tenemos como tercera pata junto a Efe Verifica y Newtral a Maldita.es que está dirigida por una periodista que también trabajó para el periodista García Ferreras y Ana Pastor. De hecho se considera una empresa hija de Ferreras y de Ana Pastor.

Precisamente estas empresas de verificación de noticias son las que usan luego WhatsApp, Facebook y otras redes sociales y Apps de las Big Tech para revisar y evaluar la exactitud del contenido precisamente en estas plataformas, limitando lo que ellos llaman "la difusión perjudicial de información falsa". Pero, ¿qué entienden ellos por información falsa?. Para las agencias de fact-checking la persecución de la información falsa es una de las evidentes mentiras, ya que cualquiera que cuestione el pensamiento único colectivista de este nuevo socialismo corporativo, y ahora con la pandemia todo el que cuestione la versión oficial sobre la crisis sanitaria del Covid-19 es perseguido y censurado. En definitiva todo lo que choque con la agenda globalista es lo que hay que evitar que se diga, que se lea, se escuche, se vea y hasta se anuncie, incluso aunque lo haga o diga el presidente de los Estados Unidos, también debe evitarse y se censura.

Así el New York Post, que es un diario oficialista de toda la vida junto con el New York Times y uno es de los decanos de la prensa norteamericana, publicó todo el escándalo de corrupción de la familia Biden del presidente de Estados Unidos, y todo es censurado y desaparece de las redes. Incluso en la locura colectiva que se creó en las semanas previas a las elecciones, Twitter llegó a censurar a la propia Cámara de Representantes de Estados Unidos. Es decir ya no es que censuren al máximo político de los Estados Unidos, sino a una cámara política colectiva también como es la Cámara de Representantes de Estados Unidos, que sería como poner a todos los representantes un bozal, y luego se echa la culpa a Rusia por ejemplo de haber hackeado y borrado los comentarios de la Cámara de Representantes.

Además la falta de independencia de estas agencias de verificación de noticias es tan evidente que en las contadas ocasiones en las que estas agencias de verificación han establecido criterios que han ido en contra de los intereses de Google, de Facebook, de Microsoft y compañía se les ha llamado al orden y además públicamente

Y es que además luego la ONU hace rankings de países por libertad de prensa, etc. pero es todavía peor porque la citada Red Internacional de Verificadores de Hechos pertenece a una organización que se llama el Instituto Poynter, una organización que en teoría es filantrópica y sin ánimo de lucro con base en Florida. Precisamente hay que estar alerta cuando una organización se declara como libre de lucro, porque entonces hay que preguntarse qué es lo que ganan con las actividades que hacen.

Aunque la verdad es que en Estados Unidos hay muchas entidades que son organizaciones sin ánimo de lucro porque éso permite no pagar impuestos, mientras que en España por ejemplo ser una entidad sin ánimo de lucro puede ayudar para cobrar subvenciones pero no para no pagar impuestos, que es de hecho lo que hacen multitud de entidades ligadas a partidos o sindicatos o a órdenes religiosas católicas en España. Pero en el caso de Estados Unidos es que en muchos casos lo que se busca es el epígrafe legal de una organización de este tipo porque está exenta de impuestos.

Con relación o debajo del Instituto Poynter hay otras agencias, otras instituciones y otras fundaciones. Entonces cuando acudimos a comprobar quienes son los que financian al Instituto Poynter empezamos a descubrir a un amplio número de nuestros sospechosos habituales que aparecen siempre detrás de los proyectos de ingeniería social globalista. En este caso aparece un ente nuevo que es la Fundación Knight, que está asociada estrechamente con la CIA, al que muchos investigadores independientes atribuyen ser parte del estado profundo (deep state) norteamericano. Pero después ya aparecen como financiadores del Instituto Poynter los sospechosos de siempre, es decir la fundación de Bill y Melinda Gates, la propia Google, la Fundación MacArthur y la Open Society de George Soros. Y además también inyecta fondos en el Instituto Poynter la organización Omidyar Network, que es del empresario Pierre Omidyar, fundador de eBay y conocido por ayudar al Partido Demócrata de Estados Unidos a buscar injerencia rusa en todo lo que afecta a la agenda globalista. También es un colaborador habitual de George Soros y se vio involucrado en el proceso político de Ucrania. De hecho es sabido por muchos periodistas que George

Soros también financió la Revolución Ucraniana de Euromaidan entre el 30 de Noviembre del 2013 hasta Febrero del 2014.

Por cierto que hay una investigación muy buena del canal de televisión ruso "Rusia Today" que demuestra que la Agencia de los Estados Unidos para el Desarrollo Internacional, USAID por sus siglas en inglés, en la cual hay muchos sospechosos habituales de la agenda globalista, junto con la embajada estadounidense en Kiev también, y junto con Pierre Omidyar colaboraron en el lanzamiento de un canal televisivo para participar en la propaganda de la Revolución del Euromaidan, que terminó con el derrocamiento del presidente prorruso Viktor Yanukovych. Pero es que además Pierre Omidyar está muy bien relacionado con Hillary Clinton, con Obama, con el complejo industrial armamentístico de Estados Unidos, y entre otras actividades ha patrocinado y es dueño de "The Intercept" (La intercesión), que es una publicación que ha difundido documentos sustraídos por Edward Snowden, que es un ex consultor de inteligencia informática de Estados Unidos que copió y filtró información altamente clasificada de la Agencia de Seguridad Nacional (NSA) en 2013 cuando era un empleado y subcontratista de la Agencia Central de Inteligencia (CIA), y del cual algunos dudan de que haya dejado de ser un espía en algún momento, ya que él mismo dijo que no se fiaba del New York Times porque retenía informaciones y entonces decidió que era mejor ir al diario "The Guardian".

Y en 2018 el mencionado fundador de Ebay lanzó un grupo que se llama El Grupo Luminate, y como es típico si vamos a su página web nos dicen que son muy buenos pero en realidad forman parte de la agenda globalista con intereses espurios. De hecho el grupo Luminate financia proyectos periodísticos en todo el mundo y también una extensa red de ONG, además de recibir subvenciones de Soros y de Pierre Omidyar. Por su parte el Instituto Poynter colabora de manera activa con el gobierno estadounidense y ha sido contratado por la agencia Estados Unidos para medios globales y el Departamento de Estado financiando proyectos educativos sobre verificación de información, de los cuales algunos proyectos son en Hispanoamérica, y en concreto uno de ellos en Bolivia.

Una de las entidades que lucha también contra las "fake news" en Estados Unidos y que trabaja con Facebook es la plataforma Politifact, que pertenece también al Instituto Poynter y que está financiada además por la Fundación Ford.

Así que son los mismos de siempre, cometiendo las mismas fechorías de siempre, arrogándose la facultad de decidir lo que es verdad y lo que es falso hasta el punto de localizar incluso a las personas que han accedido a la información susceptible de ser eliminada.

Y además también es necesario recordar la colaboración del Instituto Poynter con The Weekly Standard, una de las publicaciones que defendió con más ahínco que había armas de destrucción masiva en Irak, y que el presidente cooperaba con la organización terrorista Al Qaeda , porque una vez que se descubre que no hay armas de destrucción masiva en Irak la única manera de meterse con esta nación era diciendo que cooperaba con Al Qaeda.

De manera que si entramos en la web del Foro Económico Mundial y en el buscador que está en esta web escribimos "Poynter" aparecen muchos resultados y referencias, porque el Instituto Poynter colabora en hacer la propaganda social corporativista del Foro Económico Mundial. De hecho hay un artículo en la web del Foro Económico Mundial en el que se cita al grupo Poynter y que se llama "Cazadores de bulos: el equipo que trata de ganar la guerra a las fake news", y cuando uno investiga un poco más se da cuenta de que el Instituto Poynter es muy versátil y además de trabajar en la industria de la verificación de datos, también resulta que hace estudios sobre desigualdad, sobre cambio climático y participa también con gusto en otras campañas como la del "Build back better", que significa reconstruir mejor, eslogan que ya ha sido promocionado por Joe Biden y que va aparecer mucho. De hecho el "Build back better" es el proyecto económico del partido demócrata que actualmente está en el poder en Estados Unidos con Joe Biden como presidente, el cual está incluido en su programa electoral.

Y otro de los conceptos que vamos a ir escuchando en el ámbito de las escuelas es el de la alfabetización mediática, concepto que proviene de la UNESCO, agencia de la ONU, que en teoría son los que tienen que proteger a los niños y que pretenden introducir en las aulas una visión manipulada de la realidad. Es un concepto trampa, porque en teoría lo que debería perseguir la ONU es la alfabetización en general, es decir que cada uno pueda tener acceso a conocimiento y criterio propio. De este modo en la era de internet las barreras económicas para acceder al conocimiento desaparecen, ya que casi cualquier tiene acceso prácticamente a bibliotecas gratuitas de todo tipo en internet.

Sin embargo hemos llegado a un momento histórico en el que cuando tenemos todas esas posibilidades para ampliar nuestro conocimiento a través de internet y de tener criterios propios, nos hemos convertido en analfabetos funcionales, y quieren enseñar a los niños a aprender a leer los medios de comunicación con los criterios que los agentes globalistas quieren, porque lo contrario a la alfabetización mediática sería tener ciudadanos críticos y con pensamiento libre, respaldado por argumentos, que obviamente no es lo que quieren estas oligarquías. Por esta razón crean agencias que determinen lo que es verdadero y lo que no lo es.

Estamos hablando de supuestos filántropos con el poder financiero de las fundaciones sin ánimo de lucro que funcionan como verdaderas lavadoras de dinero negro y que destinan ingentes recursos a los medios de comunicación tradicionales, y que una vez que éstos son rechazados por el público ante la evidencia de que son plataformas de desinformación al servicio del poder, entonces ellos mismos impulsan la creación de agencias de verificación para controlar redes sociales y en último término para poder controlar la información en toda la web, desde el origen hasta el receptor y que es el objetivo que persigue la coalición que lidera Microsoft.

Pero también hay un nivel de responsabilidad individual y no podemos echarle toda la culpa a las élites que llevan años promoviendo una destrucción de la educación, sino que tenemos que ser críticos con lo que leemos y las noticias que nos cuentan los medios de comunicación tradicionales, ya que ahora cuando los ciudadanos carecen de criterio y están indefensos ante la desinformación, entonces los mismos que han creado los problemas ofrecen la solución, es decir las grandes tecnológicas aseguran la trazabilidad de los mensajes junto con las agencias de verificación para determinar lo que es cierto y lo que no lo es.

Así que preocupémonos de investigar y de rascar la superficie aunque sea solamente un poco, ya que en el mundo en el que vivimos los gobernantes y las oligarquías globalistas nos dicen tantas mentiras que con un poco de esfuerzo se pueden descubrir muchas verdades. De hecho hay personas encerradas en sus casas pensando que van a morir mañana por el Covid-19 porque les han lavado el cerebro a través de las noticias de medios de comunicación oficiales o a través de internet, y están preparadas para creerse cualquier tipo de mensaje, sea el de "Build back better" (reconstruir mejor), Great Reset, alfabetización mediática o cualquier otro.

Como mínimo ayudemos a nuestros hijos a tener criterio y sacarles del pensamiento único que les quieren marcar en las escuelas y en las universidades. Enseñemos a pensar y a tomar decisiones a nuestros hijos por sí mismos y a los demás en la medida que podamos.

10

Las ciudades inteligentes o Smart Cities. Las ciudades de los esclavos del futuro.

La idea de las "smart cities" o ciudades inteligentes configuran un elemento más del ecosistema de la agenda globalista y de sus distintas caras y marcas, proyectos que confían en aprovechar el COVID para acelerar la llegada de un supuesto mundo más "sostenible, inclusivo y resiliente".

El concepto de las "smart cities" o ciudades inteligentes es importante para los arquitectos sociales de la nueva normalidad, el cual lo intentan promocionar e incorporar al pensamiento colectivo, es decir lo intentar difundir en la opinión pública. Aunque se las llama ciudades inteligentes parecen estar diseñadas precisamente para lo contrario de lo que indica su nombre, es decir para idiotizar aún más a la sociedad y convertir a los seres humanos ya no en animales, sino en cosas que es aún peor, y en esclavos de empresas tecnológicas que los gobernarán y controlara todos sus movimientos a través de la tecnología 5G y del internet de las cosas (IoT por sus siglas en inglés).

De esta manera si nos vamos a la web oficial del Foro Económico Mundial nos indica que se trata de ciudades que utilizan las tecnologías de la información y la comunicación, el conjunto de sensores y otros dispositivos que componen el internet de las cosas para mejorar no sólo su funcionamiento, el de las ciudades, sino también los servicios que ofrece a sus ciudadanos.

Y como siempre nos quieren hacer creer que los del Foro Económico Mundial son muy buenos y que quieren nuestro bien.

Entonces como la tecnología 5G es necesaria para poder aplicar el internet de las cosas, crean un programa de gasto público para invertir en tecnología 5G para que así las compañías de telecomunicaciones no tengan que gastarse el dinero.

Algunos piensan que con el 5G se está produciendo algún tipo de conspiración en las sombras pero la verdad es que todo este proyecto se está haciendo delante de nosotros.

De hecho las smart cities, el internet de las cosas y la tecnología 5G son determinantes para esta tecnocracia. Al final es un elemento que se integra en el ecosistema de la agenda globalista y de sus distintas caras y marcas. Esta agenda globalista es la de la Agenda 2030 y del Gran Reseteo que se pueden encontrar en la web del Foro de Davos y de los cuales también hablamos en el primer libro que escribí al respecto.

Así estos proyectos confían en aprovechar la llegada del Covid para acelerar la llegada de un supuesto mundo más sostenible, más inclusivo y en el que teóricamente desaparezca el hambre, las enfermedades y todo el pack de conceptos buenistas que siempre quieren vendernos como el calentamiento global, la discriminación por razón de género, los mismos disidentes, etc.

En su día ya hablaban los profetas de la transformación digital de estas ciudades inteligentes, por lo que no es un concepto nuevo pero ahora las élites lo ponen como ejemplo de a lo que hay que aspirar o lograr en los próximos años, en un proceso que como es evidente la pandemia (o plandemia, es decir pandemia planificada) está acelerando, es decir está acelerando la adopción de las nuevas tecnologías.

La implantación de estas tecnologías se está produciendo y se va dar por parte de los gobiernos y las grandes corporaciones tecnológicas de forma conjunta, a través de la utilización de dinero público, es decir con deuda pública porque en teoría los gobiernos no tienen dinero público y por eso han de emitir deuda pública. Así como la crisis económica y financiera tras la llegada del Covid es tan grande y además hay una crisis fiscal en todos los países, es decir que la recaudación de impuestos de los países no es suficiente para cubrir los gastos de los Estados, como incluso pasa también en los países del norte de Europa, entonces el financiamiento de los Estados se hace mediante deuda, sin que haya grandes protestas por parte de las personas, a pesar de que se violan los derechos más elementales de las personas.

Así pues la operación Covid está siendo un éxito para acabar poco a poco con la resistencia natural que tienen las personas a que se les restrinjan o quiten sus derechos, como la libertad de movimiento y circulación, de opinión, de expresión, etc. Aunque hay países donde ha terminado provocando una reacción totalmente opuesta y las personas no parecen que se vayan a someter a la dictadura de los oligarcas y gobernantes de turno, pero en lugares del mundo como en España la implantación del miedo ha acentuado la actitud de sometimiento de una población que apenas protesta por las restricciones a sus derechos fundamentales que se les apliquen.

Siguiendo con el tema de las ciudades inteligentes y según la información que nos dan los propagandistas oficiales nos dicen que el objetivo es crear un ecosistema eficiente para el internet de las cosas y la capacidad de hacer uso de los datos acumulados, que es lo más importante realmente. Según dicen ellos mismos textualmente en la web del Foro Económico Mundial, todos estos datos les sirven a los gobernantes para mejorar la calidad de vida de las personas a través de la optimización del transporte público, el cuidado y monitoreo de las condiciones medioambientales (cambio climático otra vez), mejorando la oferta de servicios públicos para los ciudadanos y ofreciendo un gobierno más inclusivo, receptivo y transparente, que son los mismos términos que siempre usan las oligarquías globalistas.

Así como ya sabemos, el presidente del Foro Económico Mundial, Klaus Schwab lleva años obsesionado con la cuarta revolución industrial y con la implantación total de la tecnología en la gestión política de las ciudades, y como él mismo dice el Covid-19 supone una perfecta oportunidad para acelerar este proceso, aunque no es e único que piensa así ya que hay organizaciones como la Brookings Institution o la consultora McKinsey, que son dos sospechosos habituales de la agenda globalista que han colaborado con el propio Foro de Davos en promover el socialismo corporativo global, es decir que las grandes empresas tecnológicas en un estado socialista gobiernen las ciudades inteligentes

De esta manera el propio Klaus Schwab en su libro publicado en Junio del 2020 "Covid-19: el Gran Reseteo", plantea textualmente "la necesidad de hacer frente a la pandemia con todos los medios disponibles eliminó alguno de los impedimentos reglamentarios y legislativos relacionados con la adopción de la telemedicina. En el futuro es seguro que se brindará más atención médica de forma remota, a su vez, esto acelerará la tendencia a desarrollar diagnósticos más portátiles y a domicilio como inodoros inteligentes capaces de rastrear datos sanitarios y realizar análisis de salud."

Entonces ya podemos imaginar las implicaciones que tiene un sistema social basado en la recolección masiva de datos sin que ni siquiera tengamos que salir de casa, lo cual es una vía más para poder tenernos recluidos en casa sin salir. Es decir, si pueden tener todos nuestros datos de salud y de privacidad sin salir de casa, ya tienen una razón más para decirnos que no salgamos de casa y no solamente para evitar contagios por un virus

Así podrán estas empresas tecnológicas recolectar todos nuestros datos estando en casa al mismo tiempo que pasamos a depender completamente de la tecnología, lo cual ya lo hemos vivido entre marzo y junio del 2020 cuando estábamos recluidos en casa porque estaba prohibido salir excepto para realizar tareas básicas fundamentales o ir a trabajar, mientras que otros teletrabajaban desde casa sin prácticamente salir para nada.

Pero las preguntas importantes para hacerse es para qué se va a utilizar estos datos, quién va a utilizar estos datos y de quién está al servicio esta tecnología, a lo cual los oligarcas globalistas dicen que lo van a utilizar para nuestro propio beneficio, pero en el fondo lo que están diciendo es que nos van a dirigir la vida porque ellos consideran que tienen mejor conocimiento que nosotros de nuestra salud, De hecho el propio Klaus Schwab parafraseando dice que "los poderes públicos vamos a saber más que los propios individuos, y que por lo tanto podremos ayudarles en su toma de decisiones."

De hecho es bueno que cada uno sea capaz de tomar decisiones por sí mismo respeto a su propia vida, mientras que la prohibición de poder hacerlo así o el hecho de que nos impongan sus decisiones es simplemente una privación de los derechos fundamentales de las personas.

Así los Estados y el sector de las empresas tecnológicas son los que van a tener acceso a todos estos datos de las personas.

De esta manera en un comunicado con fecha 4 de Febrero del 2021 de la agencia de noticias más importante del mundo, Associated Press, destaca un proyecto de ley en el estado de Nevada que en caso de salir adelante permitirá a las compañías tecnológicas crear gobiernos, lo cual tiene una estrecha relación con lo que hemos contado en este libro en el capítulo sobre el capitalismo inclusivo, y que se trata de un proyecto con un sistema de gobernanza global que pretende fusionar lo malo de ambos mundos tanto del público como del privado en una especie de Estado corporativo que tiene más similitudes con los proyectos totalitarios del siglo XX, como el fascismo de Mussolini y el nazismo de Hitler, que con la llamada economía social de mercado de las democracias modernas.

Esta iniciativa de ley en el estado de Nevada es liderada por el gobernador demócrata Steve Sisolak para lanzar zonas de innovación y atraer así inversor con lo que permitirían no a los gobiernos locales, sino a las propias empresas tecnológicas crear sus propios gobiernos, imponer impuestos y tener la misma autoridad que tienen los condados en Estados Unidos.

Además es que todos esos grandes poderes económicos, sociales, religiosos que se dedican a quedarse con el fruto de nuestros impuestos ya existen, como es el caso de la Iglesia Católica en España que se lleva el 1% del PIB de España a través del impuesto de la renta que pagan los contribuyentes, o de los bancos centrales que cubren los agujeros financieros de los bancos privados y que luego pagan los contribuyentes también con sus impuestos, etc. Por lo que parece que estos oligarcas de las empresas tecnológicas han pensado que el camino por el cual transcurre el dinero desde que los agentes de las agencia tributarias les sacan el dinero del bolsillo a los contribuyentes a través de sus impuestos hasta esas instancias privilegiadas del mundo es demasiado largo, y han pensado que les iría muy bien si pudieran acortar el oleoducto de tal manera que el dinero fuera directamente a ellos, y así se ahorran además muchos trámites, lo cual es más fácil de hacer y de conseguir en un estado de Estados Unidos como Nevada donde la burocracia es mucho menor, hay menos funcionarios, etc. que en otras comunidades autónomas o naciones del mundo.

De esta manera en este tipo de iniciativas, o al menos según el proyecto de Nevada, básicamente lo que se hace es conceder privilegios a las grandes empresas tecnológicas, porque hace falta una inversión mínima de 1,000 millones de dólares que no puede pagar cualquier empresa, tal como se ha establecido en este proyecto de ley que todavía no ha salido adelante pero que ya se ha presentado, proyecto en el cual una de las empresas que ya ha manifestado su interés, es una empresa que se llama Blockchains LLC, que no debe confundirse con el sistema blockchain, que es el sistema en el que se basan las criptodivisas. Por lo que si se han puesto ese nombre parece que tienen un interés claro en confundir a las personas al respecto porque sino se pondrían otro nombre.

Así la empresa Blockchains LLC, que se dedica entre otras cosas a proporcionar identidad digital como el proyecto ID2020 que hemos explicado en otro capítulo del libro, utilizando tecnología blockchain (de cadena de bloques) tiene un fundador que se llama Larry Burns, que lleva años comprando tierras en la zona y que ha financiado la campaña del gobernador impulsor del proyecto a través de otra empresa que se llama Home Means Nevada Co., pero es que también financió a su rival republicano para no fallar en su financiación.

De forma parecida Microsoft también patentó con fecha original del 21 de septiembre del 2018 un sistema de criptomonedas que utiliza datos de actividad corporal para minar bitcoins y cuyo proceso es descrito así: La actividad del cuerpo humano asociada con una tarea proporcionada a un usuario puede usarse en un proceso de minería de un sistema de criptomonedas. Un servidor puede proporcionar una tarea a un dispositivo de un usuario que está acoplado comunicativamente al servidor. Un sensor acoplado de forma comunicativa al dispositivo del usuario o comprendido en él puede detectar la actividad corporal del usuario. Los datos de actividad corporal pueden generarse basándose en la actividad corporal detectada del usuario. El sistema de criptomonedas acoplado comunicativamente al dispositivo del usuario puede verificar si los datos de actividad corporal cumplen una o más condiciones establecidas por el sistema de criptomonedas y otorgar criptomonedas al usuario cuyos datos de actividad corporal se verifican.

Mientras que en la misma web de la empresa antes mencionada Blockchains LLC de Larry Burns, que es el primero que se ha apuntado a lo de las ciudades inteligentes con gobierno propio, ya nos dice él mismo sin esconder nada que quiere crear un nuevo mundo para permitir el avance de la humanidad, lo cual recuerda mucho a un proyecto del que ya no se habla actualmente de la empresa Sidewalk Labs de Toronto, que es una filial de Alphabet, es decir de la matriz de Google, y que se trata de un proyecto de ciudad inteligente que se anunció ampliamente en su día y que después de que la asociación canadiense de libertades civiles llevara a la empresa a los tribunales se ha quedado paralizado.

Para justificar el parón de este proyecto Google o Alphabet han dicho que con motivo del Covid han decidido no lanzarlo, cuando sería justo lo contrario que con motivo del Covid se acelera el lanzamiento de este proyecto. Pero es básicamente la asociación canadiense de libertades les ha denunciado por tratarse de un proyecto en el que se recopilarían infinidad de datos de las personas que socavarían sus derechos a la intimidad y a la libertad de movimientos entre otros, y es que lo que quería hacer Google era extraer datos vigilando continuamente a los residentes.

Es decir que sería lo mismo que Google hace ya a través de su buscador, pero directamente proporcionando todos los servicios. Entonces la domótica, que es la integración de la tecnología en el diseño inteligente de un recinto cerrado, y en la cual cuando alguien lleva a su casa, por ejemplo inmediatamente se enciende la luz, la cortina se sube, y se pueden dar instrucciones a los diferentes elementos de la casa para que se enciendan o se apaguen, con la tecnología 5G y con el internet de las cosas no va a hacer falta, ya que por ejemplo se va a permitir que, por ejemplo la propia nevera nos haga la compra porque ésta decide lo que hay que comprar en función de los parámetros que nosotros le damos.

Es decir, muchas de las gestiones que hacemos tanto en relación con otros elementos de la casa como con respecto al mundo exterior, realizadas la mayoría de éstas últimas a través de internet y que llevamos a cabo dentro de nuestro hogar se van a automatizar.

Entonces no hay ningún problema y no es un ataque a la libertad si al final a la máquina le digo yo lo que tiene que hacer, y soy yo el que quiero depender del algoritmo y si no quiero depender del algoritmo de la máquina pues entonces no activo a la máquina. Pero el problema no es éste, sino adónde van nuestros datos.

Esto ya pasa a día de hoy cuando en Google o Amazon por ejemplo buscamos algo, y luego nos recomiendan productos o servicios parecidos, o cuando en YouTube miramos algún vídeo y luego nos recomiendan vídeos en base a lo que el algoritmo interpreta que nos interesa, porque por ejemplo el negocio de Google está en los datos del usuario, a lo cual llaman un excedente de datos.

De hecho es un excedente de datos que sale de la relación con lo que estamos consultando en internet, así pues en el buscador buscamos información, damos unos datos manualmente, pero también queda registrada nuestra IP del ordenador, el país en el que estamos, tu franja de edad aproximada en función de las búsquedas que se hagan, etc. y todo eso lo consideran un excedente de datos por el cual no nos pagan aunque nos deberían pagar. Por eso el cliente o mejor dicho en este caso el producto somos nosotros.

Por otro lado es posible que algunos piensen que vivir en una ciudad privada, sin injerencia estatal y creada por la voluntad de los individuos es perfecto. Pero no es nada perfecto porque no se trata de un orden espontáneo en el que se asignan recursos en función de las decisiones de los agentes económicos, sino que se trata de un programa organizado y alimentado por organismos supranacionales que actúan en realidad como Estados en la sombra o Estados profundos, y que tienen unos intereses muy concretos que nada tienen que ver con acabar con la pobreza o con tener una mejor relación con el planeta; unos intereses cuyos objetivos además pueden lograrse de forma más eficiente creando estas ciudades prisión.

Así básicamente la idea es como en la novela distópica "Un mundo feliz" de Adolph Huxley del año 1932, en la que habrá una ciudad donde hayan controlado todo y la gente va a ser feliz porque fundamentalmente hacen con ellos lo que quieren y no tienen libertad absolutamente para nada. También recuerdan el caso de esas ciudades ideales de los jesuitas en el Paraguay, de lo cual ya ha habido algún estudio en Italia al respecto, y sobre lo cual ya se ha hecho también alguna película al respecto como "La misión" de 1986 con Robert de Niro, que es una gran película cinematográficamente hablando, pero en la que todo lo que pasa es mentira con el objetivo de lavar la imagen de los jesuitas. Así en el caso de los jesuitas decidían en estas ciudades incluso con quién se casaban las personas y a qué edad se casaban.

De hecho ya se está produciendo una fiscalización de la intimidad personal a través de los datos que las tecnológicas recopilan de las personas. Así que podemos imaginar lo terrible que podría ser, ya que día de hoy ya nos controlan principalmente a través de datos que nosotros introducimos de manera voluntaria en nuestro dispositivo móvil u ordenador, si también recopilan datos nuestros de forma involuntaria mientras hacemos cualquier acción en nuestras vidas privadas.

Entonces, ¿cuál es el papel del ciudadano en este proyecto?. Si vamos a la web del Foro Económico Mundial se nos dice textualmente que "el diseño de las ciudades impone un orden en la socialización de la población, y a medida que la tecnología se vincula con la ciudad, ésta se vuelve más receptiva a sus patrones de movilidad e interacción. Por esto, es responsabilidad de los ciudadanos participar en los procesos políticos para crear y salvaguardar un ecosistema urbano que beneficie a todos sus habitantes."

Por lo tanto al mencionar "un ecosistema urbano que beneficie a todos sus habitantes" nos están hablando de nuevo del bien de la mayoría frente al bien individual, lo cual es una idea muy vieja. Es decir que al final aunque los individuos no lo deseemos van a implantar su proyecto en base a la defensa del bien colectivo.

Así en todas las obras y prácticamente en todos los artículos de estas élites globalistas agrupadas en torno a muchas marcas, siempre insisten en que va a haber un problema porque la gente no va a querer aceptar su mensaje, y que por lo tanto van a necesitan catalizadores.

Obviamente la mayor parte de personas no quieren que se les monitorice las 24 horas del día en tiempo real, aunque alguien sí pudiera querer que le monitoricen todo el día al tener pérdidas de memoria importantes, para que le ayuden por ejemplo a recordarse de tomar la medicación, o de cosas que tenga que hacer. Porque se habla mucho del "Big Data", es decir de extraer masivamente datos, pero lo importante en realidad es el "smart data", que es una evolución del anterior, porque una cosa es extraer masivamente datos y otra cosa es extraer de esos datos su valor para ordenarlos, categorizarlos y sobre todo usarlos para adoptar decisiones.

Se trata por tanto de detectar patrones de comportamiento, y según dicen sus ideólogos detectar necesidades y anhelos, los cuales idealmente deberíamos detectar nosotros mismos o con ayuda de un psicólogo tal vez.

De hecho lo idóneo sería que nos faciliten las herramientas para intentar alcanzar estos anhelos, de lo cual se debería encargar el mercado con sus leyes de oferta y demanda, pero como en este caso no estamos hablando de mercado ni de Estado se trata entonces de la injerencia en la privacidad y voluntad de las personas, lo cual es mucho más grave.

Todo esto además tiene una visión cientificista en la que se busca siempre el rendimiento y la eficiencia por encima del ciudadano, que estaría en un tercer o cuarto estadio.

Y como siempre nos damos cuenta de que quiénes están metidos en estos proyectos son los mismos de siempre, como por ejemplo el banco más grande de España, que es el Banco Santander, y que participa en un proyecto para convertir la capital de la Comunidad Autónoma de Cantabria, la ciudad de Santander en un escaparate del uso de la tecnología para optimizar los servicios públicos. Así resulta que la ciudad de Santander es fundadora de la Red Española de Ciudades Inteligentes, RECI, donde además también está la ciudad de Málaga y algunas otras.

Entonces, claro, con toda la historia de poner sensores para mejorar el tráfico, para mejorar la calidad del aire o por lo menos para detectar problemas, etc. las personas se están habituando a ello. Además la mayoría de multinacionales, al menos todas las multinacionales españolas también se han subido a ese barco, sobre todo ahora que uno de los objetivos prioritarios de las empresas españolas es conseguir la lluvia de millones de dinero público que van a recibir los países europeos de la Unión Europea con motivo del plan de gasto público bautizado como "Next Generation EU".

De hecho la Unión Europea pone como condiciones para que las multinacionales reciban estas ayudas millonarias que inviertan en nuevas tecnologías y hagan una transición tecnológica, y segundo que estas empresas creen proyectos que promuevan parar el cambio climático, como por ejemplo el uso de energías renovables.

Así la tecnología y el cambio climático son los dos factores clave para explicar este nuevo modelo económico que quieren imponernos. Pero cuando buscamos e investigamos un poco descubrimos las verdaderas intenciones. Así hay compañías que trabajan desde hace años para unir las bases de datos de los diferentes organismos, instituciones y empresas y que son contratadas por los servicios de seguridad de los países para utilizarlos teóricamente en la lucha contra el crimen.

Además estas compañías ofrecen servicios de apoyo a la creación y a la modernización de ciudades inteligentes, aunque en realidad lo que hacen básicamente es recopilar todos los datos disponibles y ponerlos al servicio del estado profundo, o deep state en inglés.

Una de estas empresas que une las bases de datos de distintos organismos, instituciones y empresas es Palantir Technologies, fundada en Denver, Colorado, la cual se hizo famosa porque es la empresa que se suponía que había ayudado en la localización del terrorista de Al-Qaeda, Osama Bin Laden. De esta manera con el uso del Big Data, accediendo a teléfonos móviles y accediendo a satélites. Palantir Technologies fue fundada en el año 2003 por uno de los fundadores de Paypal, Peter Thiel, que es otro de los sospechosos habituales en la agenda globalista, cuyo plan al fundar esta empresa decía que era reducir el terrorismo "mientras se preservan las libertades civiles", aunque a lo mejor en vez de preservar las libertades civiles lo que está haciendo es todo lo contrario si tenemos en cuenta quienes son sus clientes.

Entre sus clientes se encuentra la misma ONU, ya que lo acabamos de describir es el modelo urbano de la ONU para las nuevas tecnocracias básicamente, porque está en el origen de la agenda 2030 entre sus objetivos de desarrollo sostenible.

De hecho hay un programa de Naciones Unidas que se llama "United for smart sustainable cities" (Unidos por ciudades inteligentes y sostenibles), porque las Naciones Unidas no pasan de ser una correa de transmisión, es decir son una correa de transmisión de la agenda globalista y hace lo que le ordenan desde la parte de arriba de la pirámide de poder globalista.

Concretamente hay 15 agencias de la ONU metidas en este proyecto, que está dirigido a ayudar a las ciudades a lograr el objetivo de desarrollo sostenible, el cual tiene como finalidad lograr que las ciudades y los asentamientos humanos según se puede leer en la misma página web de la ONU, sean inclusivos, seguros, resilientes y sostenibles, que son los 4-5 conceptos que se repiten siempre.

De hecho en las web de entidades globalistas se suele a menudo mezclar sus dogmas como la perspectiva de género, el calentamiento global, el acogimiento inclusivo a los inmigrantes sean legales o no, aunque estos conceptos no tengan nada que ver entre sí y ni siquiera tengan relación con el proyecto o del tema del que hablan en el artículo, es decir meten estos dogmas y conceptos en sus mensajes con calzador.

Así en un artículo en la web de la ONU se habla de elaborar una lista negra de personas que estén en contra de la ideología de género pero al final del artículo también acaban hablando del calentamiento global, lo cual no tiene ninguna relación, pero sí que ambos son dogmas de la agenda globalista y cada vez que citan uno de estos dogmas procuran añadir otro dogma más.

De hecho en la propia web del Gran Reseteo hay una especie de infografía con el título de "Inteligencia estratégica" con la forma de un coronavirus o de un gran ojo según se vea, que se trata de una estructura en la que están unidos todos los conceptos de la agenda globalista 2030, cuya propaganda obviamente está llegando a todos los rincones del planeta, e incluso el rey de España lleva puesto el pin de la agenda 2030, ya que todos sean políticos, jefes de Estado, políticos, empresas privadas, etc. se suben al barco de esta agenda.

Entonces se trata de un nuevo modelo urbano impulsado por la ONU y reforzado por el Foro Económico Mundial con la ayuda de los satélites, el internet de las cosas y la tecnología de base que lo facilita que es el 5G. Entonces este nuevo modelo urbano con la llegada del Covid refuerza la propaganda sobre el cambio climático, y que es la consecuencia inevitable de otro antiguo concepto que es el "smart growth" (crecimiento inteligente). De este concepto de smart growth se hablaba mucho en los años 90 del siglo XX por parte de los teóricos de la planificación urbana y del transporte, muchos de ellos herederos del pensamiento fabiano, y que son partidarios de reconstruir la sociedad a través de ingeniería social.

¿Quién nos iba a decir entonces que iban a hacer estudios en los ayuntamientos del transporte con perspectiva de género?. Pero efectivamente esto es una realidad a día de hoy e incluso tal vez pongan una máquina para certificar que ese transporte cumple con la igualdad de género y que se montan igual número de hombres que de mujeres que de personas de otros géneros LGTBIQ+.

Pero al final todo esto liga con un concepto de tecnocracia, que en inglés incorpora una "h" (technocracy), lo cual tal vez refleja mejor lo que es este concepto de la tecnocracia, que es la mezcla del gobierno de los técnicos con el gobierno de la tecnología. Así cuando se empezó a hablar de tecnocracia todavía no había un desarrollo tecnológico suficiente, pero que es el sueño de estas oligarquías, es decir el ojo que todo lo ve, "el Matrix" también de alguna manera en su versión moderna, aunque bebe de muchos mitos antiguos.

Hay un escritor que se llama Patrick Wood que lleva años analizando el surgimiento de un nuevo sistema político que funde empresa y Estados, el cual considera especialmente en su libro titulado "Technocracy: The hard road to World Order" (Tecnocracia: el duro camino hacia el Orden Mundial) que esta tecnocracia son en realidad estos objetivos de desarrollo sostenible de la ONU, lo cual es una visión novedosa, pero que explica muchas cosas que están pasando bajo la promesa de reformar las sociedades para beneficiar a las personas

Este proceso pare beneficiar a las personas esconde en realidad un proceso reformador para controlar a las personas y de esta manera se transfieren recursos de las manos y de la propiedad de las personas y sus instituciones representativas a las manos de un fideicomiso común global operado por la élite global, dice Patrick Wood en el libro mencionado anteriormente.

Así cuando David Rockefeller fundó la Comisión Trilateral en 1973 para crear un nuevo orden económico internacional, David Wood añade, que la apropiación de los recursos se había convertido en su plan maestro y el desarrollo sostenible se convirtió de alguna manera en el medio para ese fin.

De modo que para poder implantar este sistema además de que la gente no sea realmente consciente del mundo en el que vive, es necesario también dinero que estas oligarquías globalistas ya lo tienen en abundancia y además lo crean ellos a través de los bancos centrales y de los bancos privados; es necesario tecnología que obviamente ya está disponible, y por último están intentando también tener nuestro consentimiento y voluntad.

Entonces hay que comprender que los tecnócratas, los que promueven estas ciudades inteligentes utilizando los criterios de sostenibilidad, inclusividad, eficiencia, ven a los seres humanos como animales, o más bien como cosas, parecido a los personajes de un videojuego a los que se controla con botones, mandos o joysticks.

Lo peor de todo es que muchos creen que en realidad lo hacen por el bien de la humanidad y piensan que los impulsores del Gran Reseteo son los buenos, o que directamente la agenda globalista es una teoría de la conspiración y que en realidad no existe.

Conclusión

Creamos o no en la agenda globalista ésta existe y sus impulsores la siguen desarrollando a través de reuniones en entes, organismos e instituciones con objetivos globalistas. Aparecen conceptos con nombres nuevos, ya sea "build back better" (reconstruir mejor), desarrollo urbano sostenible, ciudades inteligentes, capitalismo inclusivo, pero siempre el objetivo es instaurar un gobierno mundial socialista gobernado por una élite tecnocrática junto con el apoyo de las grandes multinacionales tecnológicas.

Por lo tanto debemos investigar para no dejarnos confundir por estos nuevos nombres, siglas y proyectos, porque casi siempre se trata de los mismos actores que están a ambos lados de la misma mesa planeando cómo controlar y someter al resto de la población que cada vez será más pobre, menos libre, mientras que estas oligarquías serán cada vez más ricas y poderosas.

Ellos saben que sus ideas de control y vigilancia global no son del agrado de las personas, y por lo tanto se esconden detrás de excusas, alianzas, siglas y proyectos para justificar y lavar sus intenciones. Se trata de ingenieros sociales que nos quieren hacer ver lo negro blanco, es decir nos quieren hacer ver que sus planes de control son para nuestro propio bien, pero la realidad es que anteponen el bien colectivo al bien individual con el fin de poder restringir nuestros derechos individuales.

Desafortunadamente tampoco esta tecnocracia globalista parece estar interesada en utilizar la tecnología 5G y el internet de las cosas para hacernos más libres o más felices, sino para controlarnos y esclavizarnos en "ciudades inteligentes".

Por lo tanto no dejemos que nos sigan limitando nuestros derechos individuales con la excusa del Covid o por la defensa del bien colectivo, sino levantémonos de nuestros asientos y protestemos, manifestémonos, y sobre todo vayamos más allá de lo que nos dicen los medios de comunicación oficiales investigando un poco por nuestra cuenta en internet, ya que fácilmente descubriremos que estos tecnócratas son lobos con piel de oveja que llaman a lo negro blanco y a lo malo bueno.

Bibliografía y fuentes consultadas

- Respecto a la Alianza de Microsoft para la verificación de las noticias junto con tecnológicas y cadenas de noticias en lo que se denomina "fact-checking", puede leerse la información en la misma web de Microsoft y en noticias de diarios como por ejemplo "Libre Mercado" en el siguiente enlace: https://www.libremercado.com/2021-03-02/bill-gates-ministerio-verdad-microsoft-internet-verificadores-fake-news-6714523/

- Programas del Gran Reseteo con César Vidal y Lorenzo Ramírez en la plataforma César Vidal TV sobre el capitalismo inclusivo, el mundo de Gates y las "smart cities" o ciudades inteligentes.

- Referente a las multinacionales, fundaciones y ONGs que se mencionan en este libro, toda su información es de acceso público a través de sus propias páginas web en internet.

- Referente a las menciones a artículos y vídeos del Foro Económico Internacional todo se puede encontrar en su web: https://www.weforum.org

Por ejemplo referente a Inteligencia estratégica la información se encuentra en esta página: https://intelligence.weforum.org/, y referente a Ciudades y comunidades sostenibles la información se encuentra en esta página:
https://intelligence.weforum.org/topics/a1G0X0000057N1IUAU?tab=publications

- Respecto a que se están haciendo experimentos con seres humanos con las vacunas de Covid-19 la noticia ha sido extraída del canal de Telegram "El Arconte". Así en relación con la vacuna de Pfizer se puede encontrar la información en esta página: https://clinicaltrials.gov/ct2/show/NCT04368728

En relación a la vacuna Moderna se puede encontrar la información en este enlace: https://clinicaltrials.gov/ct2/show/NCT04470427

La noticia al respecto en español de los experimentos humanos con las vacunas del Covid-19 se puede encontrar en este enlace del diario "El diestro": https://www.eldiestro.es/2021/04/para-los-que-todavia-no-se-crean-que-vacunandose-

estan-participando-en-un-experimento-vean-cuando-finaliza-la-experimentacion-de-
modern-y-pfizer-segun-una-web-oficial-del-gobierno-de-los-eeuu/

- Respecto a la patente de Microsoft de un sistema en que se usan los datos del
cuerpo humano conectados a sensores para minar criptomonedas la información se
encuentra en este enlace:

https://patentscope.wipo.int/search/en/detail.jsf;jsessionid=4C1AEC7CA06D76234508F
E22C8968E19.wapp2nC?docId=WO2020060606&tab=PCTBIBLIO

9 79873 974041 0